Baijüyi 's Poems

知 秋 书 系

五百年中一乐天

——白居易诗传

殷靖 ◎著

中国出版集团

现代出版社

图书在版编目（CIP）数据

五百年中一乐天：白居易诗传 / 殷靖著. — 北京：
现代出版社，2018.5 （2023.7重印）
ISBN 978-7-5143-7060-7

Ⅰ. ①五… Ⅱ. ①殷… Ⅲ. ①白居易（772-846）—
传记②白居易（772-846）—唐诗—诗歌欣赏 Ⅳ.
①K825.6②I207.227.42

中国版本图书馆CIP数据核字(2018)第096654号

五百年中一乐天 ： 白居易诗传

著　　者	殷　靖	
责任编辑	杨学庆	
出版发行	现代出版社	
通讯地址	北京市安定门外安华里504号	
邮政编码	100011	
电　　话	010-64267325 64245264（传真）	
网　　址	www.1980xd.com	
电子邮箱	xiandai@cnpitc.com.cn	
印　　刷	三河市金元印装有限公司	
开　　本	880mm×1230mm 1/32	
印　　张	8	
版　　次	2018年6月第1版　2023年7月第3次印刷	
书　　号	ISBN 978-7-5143-7060-7	
定　　价	39.80元	

目录
CONTENTS

白　居　易　诗　传

目录
CONTENTS

白　居　易　诗　传

第一章

生不逢时运偏乖，

才华横溢少年郎

第一节　春风吹起诗情

大唐，带着蹒跚的脚步，来到了生命的中期。此时，曾经拥有的豁达开放的大气，已经被安史之乱所弥漫的胡虏之气虐杀殆尽，只剩下苟延残喘的哀怜。盛唐气象下唐诗的绚烂光华，已经成为明日黄花，纵有千般诗才，面对着倾颓的国势，也唱不出如花般的面目。唐诗，似乎无可奈何地走向黄昏。

此时，一个肩负着唐诗振兴的少年，面对着苍茫古原上的连天碧草，以梦想为帆，抒写着自己的情怀与理想：

离离原上草，一岁一枯荣。

野火烧不尽，春风吹又生。

远芳侵古道，晴翠接荒城。

又送王孙去，萋萋满别情。

——白居易《赋得古原草送别》

在少年看来，大唐的盛景，如同眼前的原上草，枯荣有命，难以预料。纵使野火焚烧，留下焦土一片，但只要春风又起，一片翠绿又何尝不能重新装扮草原呢？而重新装扮大唐新气象的，又何尝不能是自己呢？

理想很丰满，现实很骨感，眼前的年轻人也知道，要重现盛唐气象，已经是不可能完成的任务。所以，他站立在被荒草侵没的古道上，才会发出"晴翠接荒城"的感慨。曾经遍地繁华的大唐城市，如今是肃杀一片，这肃杀的空气里，有着藩镇割据的血腥，有着大唐落日的哀鸣，更有着一片赤子之心难以报国的无奈。

为什么？因为这个少年是胡人。

大唐曾经以豁达开放的风气，成为那个时代最为人向往的国度。那时，唐帝国长安就是一个国际大都市，聚集着从西域各国来做生意的商人、学习的留学生，更多的是来朝拜的西域部落首领。他们中的许多人不仅在大唐朝廷做官，而且还因为仰慕大唐风采，甘愿长留大唐，成为大唐的了民。

但是，安史之乱后，"非吾族类，其心必异"的陈腐血统论又开始主宰着朝野，虽然还没有明确规定只有汉人才具备当官的资格，但在提拔官员时，对于有着胡人血统的人是刻意提防的。于是，盛唐时胡风满长安的景象，只能留在人的记忆里了。

眼前的少年，因为自己拥有胡人的血统而惆怅，但心中的雄心，又让他不甘心就此沉沦，祖先多年羁绊中华，血管里的血液，早就被华夏之血浸泡，相貌举止早就被汉风洗涤殆尽没了胡人气息——胸怀大志的他，又怎能让缥缈的外来民族的基因，阻拦自己奋发向上的进程呢？

正因为如此，少年选择了离别，告别了眼神里满是担忧的双亲，踏上了凶险的前程之路，"萋萋满别情"虽然浸泡着难以割舍的儿女情长，但却挡不住少年冲天一怒的豪情。

看着眼前被战争摧毁的城邦，回想着在父母膝下安宁的生活，别离的悲伤虽然涌上心头，但儒生报国情怀，让他能按捺住这种悲伤带来的退缩，只求用自己的双肩，能担负起大唐的兴盛。

这个少年就是白居易。

白居易生长在一个动荡的年代，饱受着战乱的折磨。想当初，自己的祖先就是为了追寻大唐的乐土，才抛家远行，来到大唐这最具吸引力的国土。原本想求得一个世代能永享和平的环境，却不想到了自己这一代，铁马钢甲呼啸，金刀羽箭飞舞，那种过了今天不知道有无明天的颠沛流离，让人觉得活着了无乐趣。

大唐余荫尚在，白居易的父亲还能做一些小官，虽然无法大富大贵，但养家的能力还是有的，只不过不能留守家庭，需要在外奔波。就这样，白居易的童年很少与父亲相伴，只是跟着母亲长大。

白居易的母亲对他期望很高，总希望他能依靠才学，冲破那对胡人歧视的牢笼，好让家族扬眉吐气。于是，只要对他有用的书籍，从不让他错过。诗词歌赋，仕途学问，在母亲的督促下，白居易都没有放松。也正是在慈母严峻地教导下，白居易快乐地成长着。

天才少时就展露聪颖之气，似乎不这样，就不能显示其与众不同。

白居易也不例外。在他只有七八个月大的时候，乳母就抱着他，来到堂屋的书屏之下。文人之家，书屏是必备之物，而白居易对上面龙飞凤舞的文字大感兴趣。当有人指着上面的字给他看时，他虽然还不会说话，却已经默识了。文人的种子，已经发芽，白氏家族的人，似乎已经听到了未来诗坛文豪踏踏而响的脚步声。

白居易生不逢时，大唐的实力江河日下，不但不能以怀柔政策笼络大唐境内的胡人，甚至对胡人严加防范，而愚朽的士大夫那种夷夏大防的观念又开始抬头，在任何场合都开始排斥胡人，羞于与胡人为伍。

在这种场合下，有着胡人血统的白家想出头，自然是难上加难，作为朝廷小官员的白居易的父亲，也就没有了高升的可能，只能以微薄的俸禄养家糊口。正是这样的境遇，让白居易没有了依仗家庭官位而飞黄腾达的可能。好在大唐已经建立了比较完备的选官制度，即科举制。只要通过科举考试，就有了做官的可能。而且，这种官员资格考试，基本上是没有门第限制的。

科举考试，为白居易及其家族打开了通往大唐仕途的一扇门，哪怕拥有胡人血统，只要通过了科举考试，做官，还是有希望的。

第二节 早熟少年，诗书前尘如一梦

白居易的家族好文，家学源远流长，正是这种家庭环境的熏陶，使得天资聪颖的白居易从小就好学苦读，对儒家经典了如指掌。再加上父辈官职不高，和下层民众比较接近，使得白居易对下层民众的生活状况更容易产生同情，这对他今后的成长起到了决定性作用。从少年时代起，白居易就和历史上有作为的儒生一样，具备了"穷则独善其身，达则兼济天下"的人生观。

如果是处在和平时期，以白居易的聪颖，一定能如初唐神童骆宾王那样写下清雅、秀丽的诗篇。但时值动荡、军阀混战的年代，大唐天下之大，却没有一刻安宁，也没有尺寸的平安之地。

所以，少年白居易的笔端，只有控诉和愤懑：

故园望断欲何如？楚水吴山万里余。

今日因君访兄弟，数行乡泪一封书。

——白居易《江南送北客因凭寄徐州兄弟书》

这是白居易十五岁时写下的一首诗，内容是怀念远在异乡的兄弟。十五六岁的年纪，即使境遇不佳，也应该是欢乐较多、愁怨较少的时期。但战乱把一切美好都摧毁殆尽，兄弟分离，无法相见，只给他们留下了割舍不断的怀念。

在战乱时期，楚水吴山已成天涯，兄弟不能相聚，道路荒芜。一封家信，写不下满腹的关怀，只留下数行相思泪。

诗最能反映社会现实，盛唐时候的大唐诗篇，激情飞扬是主流，即使是有追求超凡脱俗的人，感叹的也多是生命短促。而白居易所处的时代，让这个原本处于青春飞扬时期的热血少年的诗篇中，却满是老年的颓唐气息。如果不加考证，我们哪里会想到，这是一个不足十六岁的少年所作呢？

虽然残酷的现实，让白居易下笔呆滞，但衰败的大唐，还没有磨灭他那颗少年济世的雄心。白居易的眼光，始终关注着大唐朝廷，仰慕那些出将入相的大员们，希望能和他们比肩，治理天下，让大唐重振雄风。

白居易转眼到了十六岁的年龄，古人早熟，十六岁已经是一个可以成家立业的年龄了，尤其在战乱的年代，如果不早作打算，要么蹉跎一生，要么沦为军阀残杀的牺牲品。因此，白居易决定离开家乡远行，到帝国的首都长安去开启自己的征程。

十六岁的年华，就要独自面临帝国发展变幻莫测的风雨，更要为自己的前程找到正确的方向。大唐今不如昔，风雨飘摇。善于看风使舵的人，会选择抛弃大唐，寻找胳膊粗的军阀作为依附；而白居易胸中安民济世的雄心，让他无法与那些乱臣贼子为伍。

　　正统的儒家思想，以及当年祖先冒死来到大唐的信念，让白居易认为自己能承担起帝国复兴的重任。正因为如此，满怀信念的白居易，坚信自己今后能成为大唐的风云人物。

　　在白居易漂泊四方期间，除了哀怜民生的艰难外，还对卓有建树的封疆大吏尤其仰慕，而这也是其少年壮志的积极反应。当时的苏州牧韦应物是一位诗豪，为人大气，一首"独怜幽草涧边生，上有黄鹂深树鸣。春潮带雨晚来急，野渡无人舟自横"奠定了他在诗坛的地位，其诗坛才气已经足够人仰视，而其仕途发达，成为一方郡守，位高人尊，更让文人雅士钦佩。

　　少年白居易，在游历苏州时，远远地望见韦应物大宴宾客时的排场，便不由得羡慕万分，钦佩其"才调高而郡守尊"，认为这才是读书人的楷模。一位不出名的少年郎，能够仰慕郡守的儒雅风流，不正显示了白居易的高尚追求吗？

　　战乱中的渴望，最能反映一个人的心境，白居易对诗人兼太守的韦应物的仰慕，等于给自己树立了人生的标杆。如果在盛唐时期，以大唐的胸襟和白居易的才情，做到韦应物这样的官位，应该问题不大。但此时，大唐自身难保，而且引起这样的祸端的就是胡人安禄山，夷夏大防的思维定式，使得大唐的汉人官员开始提防异族人，而这也导致白居易的理想终将成为空想。

此时，白居易也敏感地察觉到了大唐用人风气的变化，心里有了隐忧。他在衢州陪伴为官的父亲时，看到父亲以小吏的身份，忙进忙出而不得歇，不由得开始为自己的前途担心。

于是，他有感而发写了两首抒怀诗：

满面胡沙满鬓风，眉销残黛脸销红。

愁苦辛勤憔悴尽，如今却似画图中。

汉使却回凭寄语，黄金何日赎蛾眉？

君王若问妾颜色，莫道不如宫里时。

——白居易《相和歌辞·王昭君二首》

这是两首写王昭君胡汉和亲故事的诗，也是诗坛常见的借古喻今题材的诗。两首诗的诗风充满了肃杀和悲愤之情，全然没有才子欣赏佳人的那种轻松心境。要知道，此时的白居易正是翩翩少年，正值胸怀雄途之际。但诗中却没有表现出冲天的豪情，反而充满了一种无奈。然而，这却也正表现出了白居易当时怀才不遇的心境。

古时读书人与美人的境遇都是一样的，"女为悦己者容"，生就一副好相貌的女子，能走入皇宫大院，成为帝王的妃子，就算是走到了人生的巅峰。更何况在盛唐时，杨贵妃得玄宗专宠，杨家鸡犬升天的事例还在眼前。王昭君色艺双全，论美貌，应该不逊于杨贵妃，但却在深宫无人问津，皇帝美女众多，也不会顾及她的哀怨。所以，她唯一的出路就是远嫁塞外，只求不辜负青春。

王昭君作为一个有着非凡容颜的美丽女子，却无法左右自己的命运，虽然和亲的队伍代表着汉天子，但那荣耀却与她无关。一串串远行的脚印，代表着离开了繁华的首都和故乡，那一片漫无边际的沙漠越来越近，谁都知道这一去意味着什么，但她却无法回头……

草原、风沙，孤独、等待，这就是她的命运，注定与繁华无缘。

作为一个南方山区长大的女子，王昭君只见过家乡的山水，面对大漠风情，她有些手足无措。而脑海里根深蒂固的夷夏大防的观念，也让她为自己的不幸命运感到悲哀。站在风沙当中，她抚摸着被风沙吹打的容颜，清澈的眼眸凝视着遥远的家乡，知道这一去，除非有奇迹，否则将不会再有回去的希望。

蓝蓝的天空，时隐时现的羊群，牧羊人粗犷的歌声，虽然是见所未见的美景，但毕竟不是农耕生活下的子民所乐见的景色；起伏的绿色、洁白的帐篷，还有缕缕青烟，都让汉宫女子感到前所未有的寂寞。

在白居易笔下，王昭君是草原上的仙子，但是，岁月无情，不知从哪一天开始，容颜失去了色彩，以往的美丽，只能留在画师的画作当中了。这就使得年轻的白居易格外惆怅，因为王昭君本不该有这样的命运，如果她能在宫殿侍候君王，那么她的美丽和光彩会那么容易流失吗？

失去了才知道珍贵，但王昭君只能被动地接受自己的命运，虽然草原上的人们惊叹她的美丽，也愿意臣服在她的脚下，但这一切都不是她所期望的，留在汉宫里生活才是她的理想。每当她站在草原上，看着天空上南去的大雁，她能感到内心的挣扎和苦楚。

王昭君以弱女子之身，换得了大汉和匈奴边境的数十年平安，孤独和眼泪终得其所。白居易懂得王昭君心里的苦，王昭君对皇宫里那位原本属于自己的男人，还抱着一线希望，希望皇帝能接自己回家。只是，几十年过去了，美人红颜老去，还能再博得君王的临幸吗？对此，王昭君自己都不抱希望了。

白居易对昭君出塞的心理进行了细致描写，其实也是为了表现自己心中的担忧。自己身上的胡人血统，也将是羁绊自己命运、让自己难以腾飞的枷锁，或许，自己的悲惨命运还不如王昭君。

汉女远嫁，一定程度上也代表着朝廷的妥协，这不得不说是有失体面的事，而白居易熟读史书，对这一幕如何发生，自然一清二楚。正因为如此，他才对王昭君给予了深深的同情，并由王昭君的命运想到了自己。

王昭君一个美丽的女子，无法掌握自己的命运，虽然姿容绝美，但一样只能远走大漠，在风沙中憔悴自己的容颜。而自己呢？虽有抱负，也在发奋努力，但胡人身份犹如被禁锢的魔咒，似乎已经决定了自己终生不能施展抱负的命运。如果自己真的因为胡人血统而难以走上治国管民的政治舞台，那满腹经纶的才情又向何处挥洒？"学成文武艺，货与帝王家"的士人理想，岂不是竹篮打水一场空？

白居易之所以要与王昭君作比较，是因为在他年轻的心里，也饱含着对帝王的期许，也希望自己有朝一日，能在君王身边大展宏图，实现自己安邦定国的理想。但想到王昭君的遭遇和自己的出身，白居易不免有些担心自己也会像美人王昭君一样，是在追逐一场镜花水月的梦。到头来，只会落得一声叹息和满身伤痕。

年轻诗人的惆怅，无法对人言说；只好走进梦境，向遥远年代的知己倾吐。白居易与王昭君，数百年的穿越，因为境遇相同，使得心意相通。面对着王昭君，白居易甚至认为自己还不如她，毕竟，她是汉人，虽然"愁苦辛勤憔悴尽"，却依然能有"黄金何日赎蛾眉"的期待，而自己呢？胡人血统和大唐王朝被胡人颠覆的境遇，纵使自己有心报国，也难以遇到知音了。

少年心事当拿云。惆怅虽然惆怅，但白居易并没有因此而消磨掉信心，而是依然在为仕途做着准备，不然，他也不会在少年之时四处漂泊了。

第三节　烽火乱世，书写丧失的门第

战乱破坏了大唐以往的盛景，却还是难以让白居易消沉，一首《赋得古原草送别》就是他心境的写照。虽然大唐已经日渐衰败，但白居易仍然信心满满，他觉得依靠自己的能力，完全能够让大唐重现昔日的荣光。

大唐的衰败，让很多人都已经对它失望，改朝换代的号角已经吹响，地方军阀都在秣马厉兵，在腥风血雨中扩充地盘，碾压着民众对大唐的信心。但年轻的白居易却不忘初心，即将远行的他，看着古道旁的悠悠青草，它们互相依偎着，就如同枕戈待旦的战士，等待着引领他们出征的大将，为大唐复兴出力。

蓝天、白云、青草、孤傲的身影，年轻的白居易遥望着远方的孤城，此时的情绪，就如同荒原上的孤城——荒凉而寂寞，那种寂寥的忧伤，使得孤独的少年更感孤独。

此时，离愁别绪涌上心头，谁不想承欢父母膝下？但在这乱世里，团聚是奢望，别离却是家常便饭，甚至每一次别离，都意味着将会是永别。所以，大多数人都会举家逃避，找一个与世隔绝的地方，守着家人过日子。但是，对于白居易这个胸怀天下的年轻人来说，他的使命就是报效朝廷，复兴大唐。对他来说，离别只是出发，是光宗耀祖的起点。

看着眼前的青草，回想着曾经对大唐盛世的向往，白居易心中涌起了莫名的辛酸，春风能吹绿野草，自己也不是蓬蒿人，可自己能如同这野草一样，为大唐装点出一片新绿来吗？

此时的白居易，知道自己踏上辉煌的起点要比常人艰难得多。大唐，已经不是那个能包容一切民族的大唐了。当年，李白"醉入胡姬酒肆中"的豪情，已经是明日黄花，大唐因为胡人造反，使得朝廷上下，对胡人防范甚严，白居易要走向仕途，实现自己人生的理想，只能曲线救国，隐瞒自己的民族身份了。

白氏的祖籍，在山西太原，这是一个繁衍高门望族的地方，只是白居易注定与高门大族无缘。作为慕大唐之名，从遥远西域迁移而来的异族，能在此地沐浴华夏文化的高风，已经要算幸运了，更不要说安史之乱后，夷夏大防的观念沉渣泛起，像白居易这样的人家，能得以平安，就非常不错了，哪里能指望高门大族的余荫呢？

但熟读儒家经典的白居易知道望族的作用，如果自己要想实现理想，不重演王昭君的悲剧，就只有想办法为自己造一个汉人高门的籍贯了。

攀附有名望的古人作为自己的祖先，这难不住饱读典籍的白居易，而此时他人微言轻，又适逢战乱，不会有人把他的攀附当一回事，这也为白居易捏造自己的家族来历提供了方便。

白居易的眼光，从浩瀚的历史烟云中划过，选择祖先，也是一种志向的流露，否则，随便向高门大户递上籍贯申请，再献上一篇云霞满纸的贺文，就可以达到目的了，大唐盛世时的许多文人，都这么干过。只是白居易自有雄心，当不会做如此低三下四的事，就是给自己找一位祖先，也要找一位青史留名、能安邦定国的人物，这样，才不负自己的青云之志。

借着为自己的祖父写墓志铭的机会，白居易巧妙地把自己的家族同战国时期的"楚公族"联系起来了，那就是从战国楚国公族白公胜、白乙丙开始，一直延续到秦国战神武安君白起。这些赫赫有名的人物，随便拎出来一个，都可以说是高官显爵、令人羡慕。但白居易并不是只想攀龙附凤，而是有着更为远大的理想。

自古以来，开国平天下，要用武人；治国安邦，要用文人。而任何朝代，承平时期总要多于开国拓疆的拼杀，所以，文人的地位，终究要高于武将，读书人也常以文采傲世，耻与武人为伍。

作为读书人，白居易不是不知道这个道理。但此时，大唐衰败，过了今天，不知道有没有明天，正需要勇武之人扫荡污垢，除暴安良。所以，白居易在为自己寻找祖先时，特意强调"祖先"的武功，用意非常明显，就是希望自己也能像这些"祖先"一样，扫荡扰乱大唐天下的贼寇，还大唐以安宁。到那时，白氏家族的后人就不会因为自己有胡人血统而非要为自己安插一位伟大的祖先而奔忙了。

对于为白氏家族寻找祖先的事，白居易做得并不细心，这不难理解。对于一个有志男儿，凡事都要靠自己，活着的、有官职的父亲都帮不了自己，又何况已经死去千年的高门大族人士呢？因此，在诉说白氏家族与这些历史上的高门大族之间的关系时，白居易的考据工作非常马虎，人物来历交代得不清不楚，敷衍了事，以致多年以后，一些有心要为他捧场的名人为白氏家族作传时，都觉得要把白氏家族和古代的高门大族联系起来，实在是难以下笔了。

但白居易却不在乎这些，让白氏家族忝列汉人名门，对他来说，不过是权宜之计：今天，我要靠你们的名望走入官场；明天，我的名声会让你们因我而骄傲。否则，野草已经烧尽，在乱世当中，高门大族不是护身符，只能是抢夺和杀戮的标靶，又何来"春风吹又生"？

通过攀附高门大族的方法，白居易隐藏了自己的胡人身份，为自己的家族贴上了士族门阀的标签，这使得以后的事就简单多了，也让他离开家乡，到帝国首都长安去寻梦变得不再异乎寻常的艰难了。

是的，白居易已经找到了自己走向荣耀的门径。眼下他所能做的只有等待，只要取得了进士的资格，就有了做官的资本，实现自己的理想就指日可待了。

白居易朝着长安而去。长安的荣光，远不是没有出过远门的白居易所能想象得到的。要成为长安城里的一员，而且还不是芸芸众生当中的普通人，他知道自己要付出更多的努力。白居易为了能实现济世安民的理想，不惜攀附高门大族作为自己的祖先，现在，就要看他是为祖先扬名还是让祖上蒙羞了。

"自怜郡姓为儒少，岂料词场中第频。桂折一支先许我，杨穿三箭尽惊人。"多年以后，白居易梦想中的长安之行，不出所料地结出了硕果，不仅仅是他，还有他的两个弟弟。一门三杰，光宗耀祖。

此时的白居易，还不知道自己的命运将会如何，但正是这种意气风发，让年轻的白居易扬起了生命的风帆，朝着既定的目标远航。只是他没有想到，日后他安邦定国的理想并没有完全实现，反而以诗名著世，成为一代大家。

白居易出生时，大唐最伟大的两位诗人李白和杜甫已经去世了，以诗歌闻名的大唐，在文化上因此而缺少了领军人物。同时，战乱的大唐，文化凋零，正如白居易自己所说："天意君须会，人间要好诗。"在曾经文化繁荣、诗歌璀璨的大唐诗坛，怎么能没有一个能领军的新诗人呢？

在诗仙李白和诗圣杜甫相继离开人世后，白居易来到了人间，通过不懈的努力和才华，擎起诗坛领袖的大旗，让中唐的诗坛不仅没有因为战乱而倒塌，反而独具异彩，照耀千古。

可以说，白居易来到人间，是诗坛之幸，也是上天的绝妙安排，正是因为白居易的存在，才让我们看到了诗歌的另一种全新的体裁。

第二章

远为江海游的漂泊

第一节　长安不易居

　　长安，大唐帝国的首都，也是当时的国际大都市，在大唐兴盛的贞观和开元年间，长安是帝国的中心，也是万千人所向往的地方。年方弱冠的白居易自然也希望在长安找到自己的一席之地。不过，此时白居易来长安的目的，只是游学，为自己积累人脉。

　　此时的长安，自然不能与贞观和开元年间的繁盛相提并论。那时，关中一带围绕着长安的区域，聚集了帝国四分之三的人口，是响当当的帝国中心。人口的膨胀，也使得关中地区的粮食供应成为问题。所以，每到春荒，帝国首都就会成为空城，皇帝带着百官、家属，还有富户，到洛阳去吃饭。到了白居易时代，帝国实力已经下降，不再有那份精力跋涉到洛阳去打秋风了，只能留在长安，越发造成了长安米贵。

　　十九岁的白居易来到长安，望着曾经吸引自己祖先的大都市，他不禁心潮澎湃。虽然经历了安史之乱，长安城已经显得破败不堪，但毕竟是天子居住之地，其繁华程度远不是帝国其他地方所能比拟的。要实现自己扬名天下的梦想，长安就是自己必须停留之地。

要留在长安，只靠显赫的家世是行不通的，祖宗的牌位在乱世中不是通行证，因此，白居易要做的事就是找一位名士做靠山，这样，在讲究名望的时代，也好顺利地出人头地。好在大唐当时虽然衰败，但有名望的人还是不少的。

顾况在当时就是一个极有名望的人物，无论是在官场还是在文学界，都是一个响当当的人物，而且，他有着古人品评人物的古风。所以许多草根人物，都希望能拜见他，从他的金口里得到几句美言，这样，他们的身价就能得到快速提升。

白居易也想到了去拜见顾况，只是他是一个贫困少年，虽有所谓的"家世"，但那只能放在家里。如今，走到遍地公卿的长安，这种虎皮拿出来，肯定变不了大旗，反而徒惹人笑。

好在白居易没有名望，却有大才，他揣着自己写就的诗篇去拜见顾况，期望用自己的才气为自己的拜访增光添彩。等到二人见面，顾况打量着眼前的少年，怎么也想不出如此年轻的后生，会班门弄斧在自己面前谈论什么诗篇。当他听到白居易自报姓名时，不由得笑道："白居易？你要知道长安的米贵，想在这里长居，可不是一件容易的事呀。"

白居易是个聪慧的少年，自然懂得文坛老大话语里面的讥讽之意，但文人的傲骨和自负，也让他不愿意轻易被人看不起，于是说道："多谢大人指教。不过，我这次来长安只是为了向大人献上拙诗，请大人指教一二。"

　　年轻人的恭敬，让顾况很是受用。于是，他的目光停留在了白居易呈送上来的诗篇上，当看到了那首《赋得古原草送别》时，顾况不由得暗暗赞许，马上说道："白公子虽年幼，却有如此诗才，久居长安，何足挂齿！"

　　顾况的赞许，使得年轻的白居易萌生了久居长安的想法，而他也有资格对着这古老的帝都大喊一声："长安，我来了！"

　　正如顾况所说，长安不易居，白居易虽然有大佬赞赏，但此时的他，想在长安打开局面，无异于痴人说梦。所以，在经过一段时间的苦读之后，在长安难以为继的他，只能收拾行李，准备离开首都，开始漂泊生涯。

第二节　楚山吴江乱世情

到哪去？刚到弱冠之年的白居易别无选择，只能投靠亲友。白家是个大家族，为官的人不少，虽然官都不大，但好歹有能力庇护家族中至亲的人。这种漂泊的生活，对于白居易来说，并不陌生。早在十二岁时，因为战乱的原因，白居易的父亲就举家搬迁到了越中。所以，走投无路的白居易就回到了位于江南的家。

大唐此时的江南，已经远不是盛唐时的旖旎光景了，白居易笔下的江南，也不是和煦的阳光下赏心悦目的美景，而是充满了苛求平安和思念故乡的离愁别绪：

满眼云水色，月明楼上人。

旅愁春入越，乡梦夜归秦。

道路通荒服，田园隔虏尘。

悠悠沧海畔，十载避黄巾。

——白居易《江楼望归（时避难在越中）》

十多岁的少年，本应该是无忧无虑的年纪，虽然满目所见都是云水一色的美景，但他却无心欣赏。年少之人，正是不会被闲愁侵扰之时，但白居易却孤独地站立在江楼上，直到月满西楼，也没有归去。美景都不能让人轻松又是什么缘故呢？那就是对故乡的一缕情思在作祟。

虽然来到江南时正是大好的春季，也是江南最美的季节，但白居易心中，却被乡愁占据，看不到江南醉人的春色。他乡虽美，但少年依然想回到故乡。只是战乱频繁，道路断绝，想必家乡的田园已经荒芜了，对家乡的思念无以排解，只有在大好的春日里，梦归家乡。这样的日子不知何日是个头，虽然沧海之畔，景色迷人，十余年来，这里不是安居乐业的地方，只是躲避叛匪的场所而已。纵然景色宜人，又有什么意义呢？

白居易的家乡一带，正是各路叛匪和军阀抢夺的重点区域，来往厮杀，兵变频繁，城头变幻大王旗，作恶的是军阀，受苦的却是百姓。白居易也深受其害！作为一个人口众多的大家族，如果是在大唐强盛之时，一家人不受战乱牵连而团聚在一起，那是何等的其乐融融！而如今战乱使得大家族人群离散，即使是亲兄弟姐妹，也只能天各一方，望断天涯路，却不得相见。

战乱年间，亲情显得格外珍贵，因为或许一次分别就是永别。诗人的气质就是感情充沛，无论是对物还是对人。更何况，在传统的农业社会里，家族的亲情正是连接血缘关系的纽带，如今，这纽带却因为战乱而有了断绝的危险，又如何不让白居易痛断肠呢？

青春做伴，又有过人的才华和诗情，但流露在白居易笔端的诗意，却不是青春激扬；身处江南，如画的美景却激不起白居易的诗兴；相反，他笔端展现的却是与年龄不相称的老气横秋：

感时思弟妹，不寐百忧生。

万里经年别，孤灯此夜情。

病容非旧日，归思逼新正。

早晚重欢会，羁离各长成。

——白居易《除夜寄弟妹》

随着分离的日子越来越多，对弟妹的思念也越来越浓厚，以致年轻的白居易无法安睡，挑灯夜坐，孤独中涌起的思念之情让他不禁为万里之外的弟妹的安危担忧。

如今这乱世，自己尚且不能保全，年幼的弟妹能安然度过军阀的劫掠吗？如今新年将至，但相会无期，离别的日子又增加了一年，在这里，没有喜悦，只有伤感多年分别所造成的离散之痛了。遥远的弟妹是否安然？分离的日子会持续多久？只怕到将来重逢的那一天，大家都已经长大成人了。

成长是欢乐的，但没有了弟兄姐妹在一起疯闹的童年，这种成长就缺少了色彩。因此，惆怅和遗憾荡漾在白居易的心里，也使得他对战乱更加痛恨。

对现实无能为力，白居易只好忍受，为了能改变将来的窘迫，白居易只有寄希望于游学，希望在战乱中的漂泊不至于中断他的学业，让他以后的进士梦夭折。

江南因为富庶，所以成为军阀抢劫的对象，自然也就不得安宁。待不下去的白居易只好去投奔在徐州任职的父亲，可没过多久的安稳生活，白居易的父亲就被调到襄阳任职去了，刚团聚不久的父子俩只好分离，白居易回到了位于符离的家。这一年，白居易二十岁，已经成年了，但未来的前途还看不到光明，他依然要为科举考试而忙碌。

还是白丁的白居易，没有生活来源，在符离只能依靠堂兄的接济来维持生活。或许是父辈都不在身边，使得白居易明白了自己肩负的家族责任，而在符离，他也认识了几位志同道合的好友。

符离是当时的水陆交通要道，所以十分繁华。白居易在这里和朋友登高饮酒，各自抒发自己的理想，多年以后，白居易写下了一首古风长诗，回忆他在符离时的快乐生活，从其中就能感受到此时他的畅快心情：

刘兄文高行孤立，十五年前名翕习。

是时相遇在符离，我年二十君三十。

得意忘年心迹亲，寓居同县日知闻。

衡门寂寞朝寻我，古寺萧条暮访君。

朝来暮去多携手，穷巷贫居何所有。

秋灯夜写联句诗，春雪朝倾暖寒酒。

障湖绿爱白鸥飞，潺水清怜红鲤肥。

偶语闲攀芳树立，相扶醉蹋落花归。

张贾弟兄同里巷，乘闲数数来相访。

雨天连宿草堂中，月夜徐行石桥上。

我年渐长忽自惊，镜中冉冉髭须生。

心畏后时同励志，身牵前事各求名。

问我栖栖何所适，乡人荐为鹿鸣客。

二千里别谢交游，三十韵诗慰行役。

出门可怜唯一身，敝裘瘦马入咸秦。

冬冬街鼓红尘暗，晚到长安无主人。

二贾二张与余弟，躯车逦逦来相继。

操词握赋为干戈，锋锐森然胜气多。

齐入文场同苦战，五人十载九登科。

二张得隽名居甲，美退争雄重告捷。

棠棣辉荣并桂枝，芝兰芳馥和荆叶。

唯有沉犀屈未伸，握中自谓骇鸡珍。

三年不鸣鸣必大，岂独骇鸡当骇人。

元和运启千年圣，同遇明时余最幸。

始辞秘阁吏王畿，遽列谏垣升禁闱。

寒步何堪鸣珮玉，衰容不称著朝衣。

阊阖晨开朝百辟，冕旒不动香烟碧。

步登龙尾上虚空，立去天颜无咫尺。

宫花似雪从乘舆，禁月如霜坐直庐。

身贱每惊随内宴，才微常愧草天书。

晚松寒竹新昌第，职居密近门多闲。

日暮银台下直回，故人到门门暂开。

回头下马一相顾，尘土满衣何处来？

敛手炎凉叙未毕，先说旧山今悔出。

岐阳旅宦少欢娱，江左羁游费时日。

赠我一篇行路吟，吟之句句披沙金。

岁月徒催白发貌，泥涂不屈青云心。

谁会茫茫天地意，短才获用长才弃。

我随鹓鹭入烟云，谬上丹墀为近臣。

君同鸾凤栖荆棘，犹著青袍作选人。

惆怅知贤不能荐，徒为出入蓬莱殿。

月惭谏纸二百张，岁愧俸钱三十万。

大底浮荣何足道，几度相逢即身老。

且倾斗酒慰羁愁，重话符离问旧游。

北巷邻居几家去，东林旧院何人住。

武里村花落复开，流沟山色应如故。

感此酬君千字诗，醉中分手又何之。

须知通塞寻常事，莫叹浮沉先后时。

慷慨临歧重相勉，殷勤别后加餐饭。

君不见买臣衣锦还故乡，五十身荣未为晚。

——白居易《醉后走笔酬刘五主簿长句之赠兼简张大贾二十四先辈昆季》

这时的白居易虽然没有功名，也没有背景，只有在长安时文坛大佬顾况对他的赏识。但在以考试为晋升唯一正途的大唐，名人的垂青并不是一道护身符。所以，白丁要想成功，就必须苦读。

而在符离的这段日子，正是白居易为参加科举考试而苦读的时期，虽然追梦之旅看起来遥遥无期，但他对于自己的前途非常有信心，满眼所见，不是枯燥无味的书籍，而是"陴湖绿爱白鸥飞，濉水清怜红鲤肥"的秀美。心情的舒畅，使得他能发出"三年不鸣鸣必大，岂独骇鸡当骇人"的豪情。的确，战国时楚庄王，在开始的岁月里，显得碌碌无为，犹如昏君；但一旦开始振作精神，就天下无人能敌。

在这里，白居易有一群志同道合的朋友，虽然他们的年龄相差比较大，如刘五就可堪称白居易的长辈，"我年二十君三十"，白居易和比自己大十岁的人交朋友，丝毫感觉不到代沟的存在，相反，对方"文高行孤立"，特立独行的文人风范，更让白居易为之倾倒。因为都住在同一个地方，慕名交往，以至忘记了年龄的差距，惺惺相惜，成为知己。

年长的刘五，知道白居易独在异乡的孤寂，所以，只要有时间，就会来找白居易，一起游玩。衡门古寺，虽然冷清，但在年轻人眼里，世界都是自己的，又何来冷清与寂寞？朝来暮去多携手而行，君子安贫乐道，哪怕身居陋室，也察觉不到自己在生活上缺少什么，因为，友谊所带来的情感满足，让白居易浑然不觉身在异乡的穷困。

"秋灯夜写联句诗，春雪朝倾暖寒酒。"读书人的情怀永远是那么高远，虽然当前一无所有，但秋灯之下，诗句唱和，不觉夜长；早春料峭，飘雪扑面，但火炉旁的一壶驱寒酒，就能让人忘却恼人的天寒。青年人的苦中作乐，总能轻易地找到同类。白居易的邻居张贾兄弟，也是只要有空闲，就会一起来拜访白居易，一起游玩。虽然这群年轻人当中没有什么大富大贵之人，但共同的理想让大家走在了一起，所关心的只是彼此的成长，而不是金玉其外的外表。

刘五在符离的住处是一座古庙，战乱时期的古庙，破败是难免的，但读书人胸怀天下，房屋只是栖身之所，能遮风挡雨就可以了。白居易就是这里的常客，遇到雨天，就留宿不走。在白居易看来，这样的条件，比自己在江海中奔波要好多了。而古庙里的环境，也对形成白居易日后的人生观，起到了莫大的引导作用。

快乐的日子总是过得很快，不知不觉中，白居易发现自己在慢慢长大，偶然照镜子，看到了以前光光的下巴，也长出了胡须，这是男子成年的标志。看到这一切，不由得让白居易心生感慨，自己已经成年，但依然是白丁，没有自立，还要靠着家族长辈救济自己。

白居易知道，战乱时期，人要想出人头地，需要付出更多的精力和时间，时光如流水，转眼暮年将至，事业依然成空，让人看不到希望，但白居易却勉励自己"须知通塞寻常事，莫叹浮沉先后时"。人都有时运不济的时候，风光得意有先有后，不必在意一时沉浮。他还以古人自勉："君不见买臣衣锦还故乡，五十身荣未为晚。"当年朱买臣虽然学富五车，但时运不济，依然穷困潦倒，五十岁了还一事无成，最后连老婆都弃他而去。这样的境遇不可不谓悲惨。但他还是没有放弃，终究迎来了云开雾散、衣锦还乡的那一天。古人尚能如此，何况我们正年少呢？有什么理由轻言放弃呢？而这一群青春年少、志同道合的朋友，在日后果真没有让人失望，白居易这首诗中提到的所有人，全都通过了科举考试。

第三节　岁月颠簸的洗礼

　　成功前的蛰伏是漫长的，也是痛苦的，个中滋味，白居易能深切地体会到。在符离苦中作乐的生活，并没有持续下去，欢乐的日子虽然有，但悲哀的痛苦也在袭击着他。他只有九岁的小弟弟，在符离因病不幸去世。

　　家族亲情，是白居易最为看重的，漂泊期间，他思念最多的就是家里的亲人。如今，让他万万没想到的是，就在自己身边，小弟弟却被病魔夺去了生命。满打满算，白居易和弟弟只相处了两年的时间。原以为自己不再漂泊了，可以有更多的时间陪伴弟弟，看着他成长。不想，上天连这个简单的愿望都不满足自己，如此轻易地就把自己最疼爱的人从自己身边夺走，这让白居易不得不怨恨老天的薄情。

　　离别都能让白居易感到酸楚，更何况是永诀？看着眼前弟弟的灵柩，仰望着漫天飘零的黄叶，白居易感受到了人生的无常。他的泪在流，心在淌血，但无论怎样哀痛，都挽回不了悲惨的命运，更无法拂去永远的哀伤。

在战乱时期，灵柩不能返乡，只能寄居在符离。不久，白居易的父亲被调到襄州，他也只能告别那些志同道合的朋友，陪着父亲继续江海漂泊，到襄州就任。

襄州，就是襄阳，自古就是兵家必争的形胜之地，襄阳古城下，演绎了多少兴废大剧，使得襄阳蒙上了一种神秘色彩。白居易一走进襄阳，就不由得喜欢上了它。

这里是读书人的楷模诸葛亮年轻时隐居的地方，也有在三国时期驻守襄阳名震天下的关羽的庙宇关公庙，以及结束三国纷乱的功臣杜预的庙宇杜预庙。岁月倥偬，一时多少豪杰！走在这些名人的旧居之地，白居易不禁油然而生敬意和神往。

襄阳的名人当中，离白居易时间最近的就是山水田园派诗人孟浩然了。鹿门，是孟浩然的故里，这里风光秀丽，是隐士的最佳居所。诗人的心是相通的，白居易徜徉在鹿门故地，仿佛可以听见前辈在这里吟诗笑谈。作为一位后辈诗人，此刻，怎么能没有诗作呢？

楚山碧岩岩，汉水碧汤汤。

秀气结成象，孟氏之文章。

今我讽遗文，思人至其乡。

清风无人继，日暮空襄阳。

南望鹿门山，蔼若有余芳。

旧隐不知处，云深树苍苍。

——白居易《游襄阳怀孟浩然》

楚山汉江，满目所见，都是一片苍翠碧绿，生机盎然。只有如此山水，才能孕育孟浩然的才气。如今，孟浩然的高洁已成遗韵，无人能继承，只留下暮色中的襄阳城，还在诉说前辈诗人的光芒。如今，前辈诗人已经不知身在何处，只有朵朵白云、层层高树出现在仰慕者的眼前。

人事有代谢！前辈诗人虽然离去，后来者却有资格继承前辈的风采。这就是白居易瞻仰孟浩然故里的原因。毕竟，孟浩然虽然一介布衣，但也曾经有匡扶天下的雄心，只是时运不济，最后才没有步入庙堂。如今的白居易，蓄势待发。与前辈相比，白居易没有当隐士的愿望，只有一飞冲天的豪情。

襄州，让白居易体会到了生活的甜蜜，这里，不仅让他与家人团聚，得享父爱，更让他能静下心来读书。多年的漂泊生涯，让白居易对苦难的生活司空见惯，也有了更大的承受能力。但他却没有想到，这一次的襄州之行，却成了他和父亲的永别。在襄州的第二年，白居易的父亲就病逝在官舍，终年六十六岁。

父亲一直都是家里的主心骨和经济上的顶梁柱，如今，死于任上，又因为他为官清廉，家无余财，以致连个像样的丧事都办不起。看着眼前寒酸的情景，白居易才发觉自己这么多年来能一直两耳不闻窗外事地读书，都是有父亲在为自己遮风挡雨。如今，自己连父亲的丧事都没有财力操持，这对于讲究孝道的读书人来说，该是多么大的痛苦呀！

连葬礼都办不了，自然也不能把父亲的灵柩送回故乡。白居易守在异地的墓穴旁，想着父亲对自己的期望，想着老母需要自己尽孝，想着还有弟弟需要自己看护，他觉得自己肩上的担子从没有过这般沉重。

父亲突然离去，使得白家失去了顶梁柱，家庭的重担一下子就压在了白居易和他的大哥白幼文的身上，而白居易此时还是一个白丁，没有任何收入来源，只有依靠大哥的接济来勉强度日。好在白幼文此时已经是浮梁主簿，虽然官职小，但多少还有些收入。兄弟俩就此分工，由白幼文提供钱米，白居易在家赡养老母，并同时读书备考，等到三年孝满之后，再参加科举考试。这是最好的安排，也是兄长力所能及的安排。于是，白居易打算回到符离，一边为父守孝，一边读书。

在返回符离的路上，一家人心情都很沉重。没有了父亲的庇护，在这乱世当中，一家人的性命安危，都压在了白居易身上。丧父之痛和责任，让白居易一下子长大了，他不仅要思考丁忧的日子怎么过，还要思考自己的前途。此时，白居易才感到，自己空有满腹才华，但在这个世道，却没有半点用处。

到了要和兄长分别的时候了，大哥要往北，到任所赴任，这不能耽误，白居易则要向南，带着家人返回符离。临分别时，白居易仿佛觉得有千言万语，涌上心头，不由得写了一首诗，道出了心里的感慨：

歧路南将北，离忧弟与兄。

关河千里别，风雪一身行。

夕宿劳乡梦，晨装惨旅情。

家贫忧后事，日短念前程。

烟雁翻寒渚，霜乌聚古城。

谁怜陟冈者，西楚望南荆。

——白居易《自江陵之徐州路上寄兄弟》

多情自古伤离别，此时的白居易多么希望大哥能留在自己身边，像父亲一样，也为自己遮风挡雨。过去的十年，白居易经历了太多的别离，但那时，父亲如同一盏明灯在为自己指路。如今，这盏灯熄灭了，但和家人的离别却在继续，而这一次离别，似乎难以看到尽头。

歧路南北，丁忧弟兄，关河万里，风雪漫天，白居易的悲伤痛苦和对前途的忧心，都表达在这首离别的诗里。丧父后的离别，更让人感到痛苦。望着大哥离去的背影，白居易只能在心里对大哥说一声珍重。

这一次在符离居住，没有两年前的青春张扬，对于白居易而言，萦绕在心中的，更多的是对未来的期待和当前生活的重压。而生活的艰难，使得他的漂泊生涯远没有结束。为父亲守孝完毕后，他随母亲以及其他族人搬迁到了洛阳，安顿好家人后，他只身再下江南。按照他的打算，是先到溧水看望在那里当县令的叔叔白季康，然后再去浮梁大哥那里拿一家人的生活费。

孤独的旅途，让白居易想到了家贫多故的境况，再联想到自己前程的艰难，不由得愁肠百结，即使已到深夜，依然无法安眠。明月照江畔，一叶孤舟停泊，他站在窗边，望着流淌的江水，心绪难以平静。远处，月光下的树影斑驳，难以分辨清楚，江面上，烟波荡漾，却如同淡淡愁思起伏。前途在哪？家人如何生活？这些难题如同大山，压得白居易喘不过气来。

人在困难时刻，总会有思乡之情，白居易也不例外，但战乱时期，故园难归，在夜幕下，故园在哪已经难以分辨，但思乡之情却使得白居易努力透过迷雾，希望能看到家乡的影子。只是这种努力，到头来却是白费，一夜的辛苦寻找，等到天明才发现，思乡之苦已经让人白头。

故乡在召唤，但却有迈不过去的坎，横在白居易与故乡之间。想着自己的小弟弟和父亲，都客死异乡。在讲究落叶归根、魂归故里的时代里，成为孤魂野鬼是最为忌讳和让人痛心的事。但面对现实，白居易却无能为力。让弟弟、父亲不能魂归故乡，使得他有一种负罪感，心情自然也倍感压抑。

有谁愿意在生命最好的年华里，过着缺衣少食的生活？有谁愿意在最需要亲情陪伴的日子，无奈地选择江海漂泊？更何况白居易是一个有着宏大理想的人，只是生活逼迫他不得不为衣食奔波，寄人篱下。生活的苦涩和人生的艰辛，让白居易感受到了自己身上的责任。白氏家族能否振兴，家族日后的生活能否得以保全，能否做到不再让其他人重复弟弟和父亲死去不能回归故乡的悲剧，这一切全都指望他了。

第四节　春风得意的科考生活

白居易江海漂泊的生活，虽然让他饱经丧乱，但心里的理想却没有泯灭，他知道自己此时吃苦，就是为了那个当时读书人的崇高目标——参加科举考试。

科举考试是像白居易这样的家庭背景的人走向仕途的唯一出路。当时的科举考试的常设科目主要分为两种：一种是明经科，考试内容为儒家经典，与进士科相比较为注重经义背诵，因其要求相对较低，录取比例远大于进士科，故此容易考中；另一种为进士科，考试内容为诗、赋及时务策五道、帖一大经，与明经科相比进士科更加注重对诗文的理解与发挥，因其要求明显更高，录取比例远低于明经科，故此不易考中。但有唐一代尤其注重进士科，故通过进士科考试成为读书人梦寐以求的理想，也是走向仕途的必经之路。

两种考试虽然都是国家抢才大典，但与明经科考试相比进士科考试要求更高，难度更大；以考试成绩作为录取标准，明经科的录取率约为十分之一，进士科的录取率约为六十分之一。竞争的激烈程度可想而知。所以，文人参加进士科考试，名落孙山是常事，许多人从青年考到老年，依然难以及第。故有"三十老明经，五十少进士"之说。意思就是三十岁通过明经科考试，已经属于比较笨的了；而五十岁考取进士，仍然算是比较年轻的，还大有前途。

与考试的难度相比，更让白居易揪心的是残酷的现实。大唐政局已经在走下坡路，政治黑暗、官场腐败，而这些已经直接在科举考试当中反映出来了。当年，开创贞观之治的唐太宗引以为傲的科举考试，是为了把天下英雄尽收囊中，为大唐的长治久安服务。但经过安史之乱后，国家的抡才大典遭到破坏，权贵之家把持官场，科举考试更多地成为一种形式和陪衬，权贵子弟甚至不用进考场，就已经内定了名次。对于白居易这些需要依靠真才实学，取得进士资格的人来说，考场能否成功，更多的时候则需要看运气如何。

作为官宦子弟，白居易对这样的情形非常了解，所以，对于自己即将面临的命运，他忐忑不安。毕竟，科场得胜，步入仕途，不仅是已故父亲的期望，也是实现自己抱负的开始，更是振兴家族的唯一途径。但黑暗的现实，又不得不让他为自己的生不逢时而感叹。

但不管前途如何艰难，白居易还是义无反顾地踏上了科考之路。白居易是幸运的，他很顺利地通过了解试，拿到了到长安去参加省试即进士科考试的资格。

幸福来敲门，对于白居易来说，盼望这一天，已经有十多年了。从他十五六岁起，就为了能参加进士科考试而苦读，白天功书，夜晚课诗，甚至连睡觉时都在思考，到后来，口舌生疮，手肘都磨出了老茧，本是壮年长身体的时候，却因为苦读和营养跟不上，而变得瘦弱不堪，牙齿松动，头发也变白了，眼睛里随时都感到有苍蝇在飞动。这不能不让白居易感到悲哀，自己的大好年华，全都浸淫在书本里了。

　　如今，到了开花结果的时候，白居易来不及高兴，就收拾行装，赶赴长安。他知道，如果这最后一搏没有结果的话，他的一切辛苦都不值得，更难以面对九泉之下的父亲了。

　　长安，大唐时代读书人心目中的圣地，如果能在此科举得中，就如同鲤鱼跳过了龙门。白居易少年时代，曾经游学长安，拜见了文坛领袖顾况。当年，顾况就对白居易的诗才表示欣赏，并预言他有大才，能长居长安。如今，白居易抱着长居长安的目的来了，却不知道自己能否得偿所愿。

　　在等待考试的日子里，白居易独居旅馆，旅馆里来来往往的人中，参加进士考试的，不乏其人，这又让白居易感受到了一种压力。毕竟，自己长久以来的愿望和抱负，能否实现就在此一举了。

　　昼夜轮换之下的长安城，自顾自地演绎着繁华故事。白居易，一个来自政治地缘边际的青年，眼所见，不仅有繁华，还有心里的那缕淡淡的乡愁。毕竟，小时候离开家乡，在各地漂泊求学、寄生，不都是为了今天吗？长安的美，在富人眼里，是奢华，是梦境的追求。而在白居易眼里，乡愁笼罩下的长安，让他没有丝毫的兴奋。于是，在他笔下的长安景色，就多了一层朦胧的愁绪：

> 轩车歌吹喧都邑，中有一人向隅立。
> 夜深明月卷帘愁，日暮青山望乡泣。
> 风吹新绿草芽坼，雨洒轻黄柳条湿。
> 此生如负少年春，不展愁眉欲三十。
>
> ——白居易《长安早春旅怀》

长安城里，车水马龙，人潮涌动，帝国首都的繁华，自然不是白居易所能想象得到的，满眼所见都是热闹非凡的景象：集市上的人们都在为生意而忙碌，锱铢必较的气氛尤为热烈，富人坐着轿子，忙着去赶场赴宴，车水马龙的拥挤，衬托着熙熙攘攘的欢乐气氛。

初春的长安是迷人的，小树在风中摇曳，枝条上已经有新芽冒出。春雨轻撒，润湿了柳条和道路。这是长安春天迷人的美景，暖暖的、淡淡的，让人感到心旷神怡。夜晚来临，长安城也开始了进入梦乡，各种小店已经打烊，官府开始宵禁，市民早早回家安歇，此时的长安城一片寂静。

独在异乡的白居易没有丝毫的倦意，他打开竹帘，明月不请自来，走进屋子，与他长伴。年轻的白居易正是喜欢热闹的年龄，但此时，除了月光，却没有人来与他做伴。看看对面的屋子，窗户早已经没了光亮，想必主人已经进入了梦乡。与明月做伴的白居易，此时此刻，心却变得透亮。

白居易明白长安再繁华，也不属于他，此时他的心，依然心系故乡。家族的振兴，就在此时。如果不能科考得中，自己和家族的命运将是悲惨的。抱着这样的信念，白居易没有在长安醉生梦死，而是日夜苦读。虽然有"不展愁眉"的愁绪，也有岁月不等人的感叹，但他知道，三十而立的日子在向自己招手了。

第五节　抱月远行的人生起落

　　唐代文人在参加科举考试时，都会做一些准备工作。身在长安，离各级官员的距离较近，正是人际关系和各种潜规则大行其道之处。作为当年被顾况所赞赏的才子，白居易在长安不是无名之辈，他也知道打通关节的好处。于是，他把自己这些年的诗歌文章，写成条轴，又写了一封信，递交给当时负责科考的官员陈京。虽然书信的措辞不卑不亢，但白居易也希望对方能在可能的范围内，为自己扬名。

　　一切铺垫完毕，白居易走进了考场，十多年的苦读，就为了今朝一鸣惊人。面对着考试题目，白居易不敢放松，他凝神关注，用毕生的才华去完成了对他一生有着重要意义的考卷。

　　当他放下笔，走出考场的一刹那，眼睛被刺眼的阳光射得睁不开。回望考场，种种经历，如同大梦一场。命运如何，不得而知！前途如何？归路在何方？他都不知道。既然走上了科考这条路，不管它有多曲折，也只能继续走下去。因为，这里面有家族的期望和自己的前途。

等待发榜的日子是一种煎熬，在等待中，白居易一点儿诗兴都没有，毕竟，进士科考试竞争激烈，大唐有才华的人，并不只有他一个，更何况，战乱之下的大唐，考试的公平性已经被践踏，许多胸无点墨但背景强大的纨绔子弟，也挤进了科考的大门，期望借此捷径，飞黄腾达。这无形中，又挤压了白居易出人头地的空间。因此，他只有期盼考官能本着为国选材的职责，不偏不倚地对待天下考生。

到了发榜的日子，白居易带着一颗忐忑不安的心去看榜。放榜的地方在礼部，这里已经挤满了人，看热闹的和等着结果的考生挤在一起，分不清谁是谁。在期盼中，负责发榜的官员终于出来了，他们把榜文贴到丈高的榜墙，然后由礼部官员高声唱名，每喊到一个名字，就会击鼓一次，然后撞钟一声，鼓声钟声悠扬，奏成了一曲最让考生心动的音乐。

在礼部官员的高声唱名和钟鼓的伴奏下，白居易听到了自己的名字，而且还是第四名，这在科举考试中，是一个了不得的名次。而且，这一次考生只取了十七名，他还是所有中榜进士中最年轻的一位。

十多年的苦读心愿，终于在今天全部实现了。白居易不由得仰天长吸一口气，春天里的长安，微风徐徐，是如此轻柔，仿佛只有它才理解白居易这个学子内心的情怀。

金榜题名从来都是一件值得高兴的事，朝廷对于抡才大典一向重视，必不可少的琼林宴，就是让这些好命又有才的学子好好轻松一下的时刻。琼林宴对于年轻的白居易来说，是人生的第一场巅峰盛宴。才华横溢、青年得志，最容易让人迷失。好在白居易没有放浪形骸，他写了一篇《箴言》告诫自己：尚念山九仞，功亏一篑；尚念行千里，始于足下。这种自勉，对于科举高中的年轻人来说，实属不易。

高中进士是一件值得夸耀的光宗耀祖之事，更何况对于白居易这样经过江海漂泊、失去了父亲的人来说，更是难以按捺住内心的喜悦。虽然有很多人前来向他祝贺，但此时的白居易却归心似箭，恨不得马上回到母亲身边，向她报告这个好消息。

在与大家告别时，白居易挥笔写下了一首诗：

十年常苦学，一上谬成名。

擢第未为贵，贺亲方始荣。

时辈六七人，送我出帝城。

轩车动行色，丝管举离声。

得意减别恨，半酣轻远程。

翩翩马蹄疾，春日归乡情。

——白居易《及第后归觐，留别诸同年》

昔日十年寒窗苦读无人知，今天一举中第天下闻名，这不正是读书人的追求吗？只是高中，并不一定带来显贵，而只有回到家乡，接受亲友的祝贺，那才是真正的荣耀。今天，大家送我回归故里。耳边听闻丝管奏响的别离声，伴随着马车即将行驶，大家脸上都露出了不舍的神情，也满怀着对远行人的担忧。

毕竟，现在是乱世，京城周围都是虎视眈眈的军阀，走在路上，也许就被乱兵抢了、杀了。这些危险，白居易不是不知道，但在此时，他归心似箭，恨不得一步就回到家里。现在，他和大家分别，请不要误会他和大家的友情不深，人在得意时，都不会被别离所产生的怨恨侵扰，家乡虽然路途遥远，但哪怕他有了微微醉意，也不会觉得路途太远。

此时，马蹄嘚嘚，白居易带着疾风走在路上，这春天的气息里，到处都弥漫着他回归的喜悦。是啊！古人说，富贵不还乡，如锦衣而夜行，有谁知道呢？更何况白居易高中了进士，这可是金榜题名，光宗耀祖的事呀，更要回家与家人同庆了。

就这样，在春风得意马蹄疾的诗意中，白居易满怀喜悦，朝着家里奔去。

白居易的家在洛阳。这是当初为了进京方便，所采取的措施。父亲去世了，家里老母需要白居易的照料；如果离家太远，母亲有个什么好歹，他鞭长莫及。所以，白居易才把家安置在离京城长安不远的洛阳，就是方便他能快速赶回来。现在，白居易金榜题名，那更是人逢喜事精神爽，他日夜兼程很快就回到了家。

此时，白家已经知道了白居易高中的消息，正等着他回来庆贺。这其中，以白居易的母亲最为激动。经历了丧子和丧夫的痛苦经历，她没有倒下，而是把希望寄托在有神童之称的白居易身上。现在，儿子金榜题名，算是了却了一桩家庭夙愿，也可以告慰九泉之下的丈夫了。

母子相见，自然有一番悲情。白居易一进家门，就跪在母亲面前，把写有自己名字的榜文呈献给母亲。母亲接过，看着上面白居易的大名，幸福的眼泪流了下来。白居易看着母亲，自己也忍不住喜泪横流。是啊，从小就承担着家族振兴的重担，年复一年，日复一日地苦读，终于在这一刻化成最美好的憧憬。

作为官宦之家的子弟，白居易没有过多地沉浸在进士及第后的喜悦之中，他知道考中了进士，只是具备了做官的资格，能不能最终被授予官职，还需要参加吏部更为严格的选官考试。这种考试被命名为"拔萃科"，从名字就可以知道是取出类拔萃的人才的意思。

已经冲过了科举考试的险滩，白居易自然对自己更加自信，作为正统的儒家子弟，白居易从小就胸怀修身、齐家、治国、平天下的理想，梦想着拥有一个能施展自己抱负的平台。这种理想、抱负在他的诗歌中也有所反映：

仆本儒家子，待诏金马门。

尘忝亲近地，辜负圣明恩。

一旦奉忧诏，万里牧远人。

——白居易《郡中春宴，因赠诸客》（节选）

金马门，古代士子走向仕途的起点，如今，白居易也在这里等待打马启程。在距离天子最近的地方，白居易担心自己会因为学识不够而有负圣恩。但白居易又是自信的，多年的追求，不是为了个人优渥的生活，一旦有天子明诏，哪怕万里赴戎机，也在所不辞。

为了能尽快实现自己的理想，白居易没有在洛阳的家里逗留太久，再加上科考之事已经完结，家人也不必再留在洛阳寄居了。白居易和家人商量，一起搬回符离老家，自己先回去，而弟弟和母亲等家人则随后。几天后，他辞别母亲，离开了喧闹气息犹存的家，急匆匆地往宣州而去。那里，有他科举路上的伯乐刺史崔衍。去拜访他，一来是感谢他的赏识，二来希望借助他的官位和名望，在接下来的吏部选拔中能再助自己一臂之力。

在大唐时代，新科进士拜访刺史，如果只想着送些什么贵重的礼品，那就是一种没文化的表现。因此，白居易特地献诗一首，在表达自己对刺史大人的谢意的同时，也委婉地希望刺史大人能在今后的日子里提拔自己。

元圣生乘运，忠贤出应期。

还将稽古力，助立太平基。
土控吴兼越，州连歙与池。
山河地襟带，军镇国藩维。
廉察安江甸，澄清肃海夷。
股肱分外守，耳目付中司。
楚老歌来暮，秦人咏去思。
望如时雨至，福是岁星移。
政静民无讼，刑行吏不欺。
㧑谦惊主宠，阴德畏人知。
白玉惭温色，朱绳让直辞。
行为时领袖，言作世蓍龟。
盛幕招贤士，连营训锐师。
光华下鵷鹭，气色动熊罴。
出入麾幢引，登临剑戟随。
好风迎解榻，美景待搴帷。
晴野霞飞绮，春郊柳宛丝。
城乌惊画角，江雁避红旗。
藉草朱轮驻，攀花紫绶垂。
山宜谢公屐，洲称柳家诗。
酒气和芳杜，弦声乱子规。
分球齐马首，列舞匝蛾眉。
醉惜年光晚，欢怜日影迟。
回塘排玉棹，归路拥金羁。

自顾龙钟者，尝蒙噢咻之。

仰山尘不让，涉海水难为。

身忝乡人荐，名因国士推。

提携增善价，拂拭长妍姿。

射策端心术，迁乔整羽仪。

幸穿杨远叶，谬折桂高枝。

佩德潜书带，铭仁暗勒肌。

饬躬趋馆舍，拜手挹阶墀。

霄汉程虽在，风尘迹尚卑。

敝衣羞布素，败屋厌茅茨。

养乏晨昏膳，居无伏腊资。

盛时贫可耻，壮岁病堪嗤。

擢第名方立，耽书力未疲。

磨铅重剸割，策蹇再奔驰。

相马须怜瘦，呼鹰正及饥。

扶摇重即事，会有答恩时。

——白居易《叙德书情四十韵，上宣歙翟中丞》

官场之人，喜欢听奉承话，而崔衍恰好又是一个有建树的高官，能够被新科进士颂扬，自然也很高兴。不过，崔衍也不是个糊涂官，早在白居易在江南漂泊时，崔衍就注意到了他，并勉励他走科举之路。而且白居易科举的入门考试，就是在崔衍的关照下通过的。正是出于感恩，白居易才不惜笔墨，对崔衍进行了歌颂："政静民无讼，刑行吏不欺。"这种治理水平，放在任何时代，都属于能吏，更何况是在大乱之后。毫无疑问，崔衍对这样的话很受用，自然，也就对白居易更为欣赏。在经过一番夸赞之后，白居易委婉地向崔衍表明了自己的心境："擢第名方立，耽书力未疲。磨铅重剿割，策蹇再奔驰。相马须怜瘦，呼鹰正及饥。扶摇重即事，会有答恩时。"自己刚刚考中进士，算是小有名气，但离真正的扬名立万还差得很远。刺史大人是伯乐，阅人无数，也算是见过不少奇人异士，被他提携的人也有很多。希望大人知道他白居易还是一匹需要喂养的瘦马，是还没吃饱的饿鹰；如果将来有一天，他在大人的提携下，大展宏图，那他一定会报答大人的恩情的。

虽然官场之中的应酬会拉低人格，但白居易对于崔衍的夸赞是出于真心的。作为一名有作为的封疆大吏，崔衍的一句话在很多时候还是很起作用的。所以，白居易希望借助崔衍的力量，让自己的仕途起步更顺利一些。

接到白居易的贺诗，崔衍也很高兴，觉得自己没有看错人，伯乐和千里马，演就了一场人生佳话。有了崔衍的赏识，白居易的前途自然是不可限量的了。

第六节　无法了却的诗愁

在宣城停留的日子里，白居易的心情较为轻松，也就有了游玩的雅兴。当年在宣城，因为要准备科举考试，所以，他从没有用心关注过宣城的旖旎风光。现在，自己已经是金榜题名之人，再看宣城的山水，那自然就是妩媚动人，格外有吸引力了。

宣城是当时江南难得的一块乐土，不少文人都曾来宣城小住。除此之外，若说起宣城最能让白居易感兴趣的地方，当属位于当涂的李白墓。

李白活着的时候，就是一个传奇，他是大唐诗坛最耀眼的太阳，引得无数人崇拜，白居易也是众多崇拜者之一。现在，听说李白的墓就在这里，白居易自然要来祭奠一番自己的偶像了。

李白和白居易是两个时代的人，在白居易出生第十年，李白就已经去世。白居易在学习写诗歌的时候，李白的诗歌就是样板，他几乎每天都要背诵、揣摩李白的诗歌，对李白的诗歌可以说是倒背如流。从李白的诗句中，白居易能感受到他激荡的才情和崇高的人格。如今，自己进士及第，实现了人生理想的第一步，怎么能不去祭奠一下他呢？

白居易来到当涂采石矶，只见一矶突兀江中，绝壁凌空，峻峭异常。看那山矶相连，茂林修竹，布满翠螺山峰，庙宇、亭阁耸立其间，如同仙境。如此地方，正符合李白诗仙的名号，自然也是他最好的归宿了。白居易走上矶头俯视绝壁、湍流、回浪，仰慕诗仙遗迹，再眺望天门山，仿佛听到李白在吟诵自己的不朽诗篇。

白居易想到李白如此大名，他的墓在此处，一定非常显眼了。但他细心找了许久，却没有找到李白墓半点踪迹。无奈之下，他只好询问放牛的牧童。但牧童不知道李白是什么人，自然也帮不了白居易什么忙。好不容易才在江边遇到一位须发老者，白居易见他偌大年纪，想必在此处居住了许久，一定知道李白墓在何处。当白居易向其询问李白墓在何处时，那须发老者打量了他几眼，见他文质彬彬，透着一股诗人的气质，想必是慕李白之名而来的，就指着前面一片荒草萋萋的空旷之地说："前面枯草丛中隆起的那个土丘便是。"

白居易顺着他的手望去：只见一块不高的墓碑已经倒伏在泥土里，一阵风吹过，衰草和落叶随风在坟头盘旋，让人见了，有一股说不出的凄凉感。看到眼前的情形，白居易不由得诧异万分，他怎么也想不到，一位让人仰慕的大唐诗坛旷世奇才，生前潇洒，挥洒千金，拥趸无数，死后竟落到如此地步！看到此，白居易不由得掉下了眼泪。站在李白墓前，白居易怅然无语，前辈诗人的悲惨境遇，让他想到了自己的未来。虽然自己与李白相比，已经拥有了做官的资本。但是，官场险恶，像他这样无根基只有才情的人，又会得到什么样的结局呢？

白居易站在李白坟前，整整衣冠，恭敬地捧起一把把泥土撒在坟头，算是表达了自己的一片敬意。不远处，江涛拍岸，水鸟翱翔，让人如在梦里。而李白，已经在这样的梦境里沉睡了近四十年，或许这就是他最好的归宿。

望着眼前的李白墓，白居易感慨万千，不由得口占一绝，写了一首凭吊李白的千古绝句：

采石江边李白坟，绕田无限草连云。

可怜荒垄穷泉骨，曾有惊天动地文。

但是诗人多薄命，就中沦落不过君。

——白居易《李白墓》

曾经的天才诗人，如今只在采石江边，拥有这么一块归宿地，周围环绕的不是读书人生前所渴望的石碑、石像，只有维持生计的农田与无垠的荒草环绕相伴。如此荒凉寂寞的地方，却埋着一个伟大的灵魂，想当初，他笔落惊风雨，行文惊鬼神的才情，让多少人仰慕。虽然自古以来，诗人都没有很好的境遇，但这里面，最为悲惨的只有你李白了。

看着李白墓的现状，想着当年李白的风流潇洒，如此才情的诗人，身后也不过如此，那自己呢？会比李白更幸运吗？

未来事，难以预料，但毕竟前途刚刚开始，白居易自然不会轻言放弃，他认为，只要自己踏踏实实地走好每一步，就一定能避免李白不幸的遭遇。

宣州有白居易的大哥在此为官，兄弟俩盘桓数日，白居易的大哥面对着即将走入仕途的兄弟，自然要多叮嘱几句。正当兄弟二人诉说衷情时，战乱又起，白居易被阻隔在宣州，无法返回家里。想到已经从洛阳启程，搬迁回符离的老母，白居易心急如焚，恨不得一步赶回到母亲身边。

好在天可怜见，这一次战乱持续时间不长，战事一结束，白居易就急忙往符离赶去，期望自己的家人能一切平安。

等到他回到符离的家，母亲等人已经平安到达了，这让白居易松了一口气。毕竟，战乱时期，没有比家人平安更让人感到幸福的事了。

符离的家，虽然破旧，但却是每个白氏家族成员永恒的牵挂。尤其对于白居易这样自小就四处漂泊的人来说，家永远是他依托的港湾。想着在不久的将来，自己要参加吏部的筛选考试，有可能要离家很长一段时间，他就有些揪心。或许只有如今多和家人在一起，才能减轻一点儿未来的遗憾。

刚刚经历战火的符离，已经是一片肃杀，眼前所见的山河，还沉浸在悲风之中，杀气还没有消退，人人都如同惊弓之鸟，担心战火会再次降临。乱世为人不如太平犬，白居易深切体会到了这种感觉。

曾经的符离给白居易留下了青春的记忆，他走在符离的街头，仿佛又回到了以前无忧无虑的日子。白居易来到好友刘五居住的古庙，或许因为这里是佛门净地，那些只想抢夺财物的乱兵，对这里不感兴趣，也就没有侵扰到这里来，使得这里还保持着记忆当中的样子：寺院古松，还是那么富有生气。白居易走进庙内，见佛像庄严，不悲不喜，或许是见惯了战火弥漫所带来的悲剧，它已经漠然处之了。

白居易站在庙里的台阶上，想到了好友刘五。当年，他就寄住在这里，自己多次来这里拜访他，一起饮酒作诗，一起听禅观雨。如今，风景依旧，却不知道这位好友去了哪里，是不是也和自己一样，在为功名前程而忙碌呢？

想到知己好友有可能再也见不到了，白居易不觉有些伤感。自己科考及第的喜悦，无法与这些朋友分享，当年激扬文字的情景，仿佛还在昨天，但现在却物是人非，只留下思念在萦绕着自己。

贞元十七年，对于白居易是有着太多伤感的一年，虽然他考上了进士，但家庭变故迭起。在符离安家的日子里，他的外祖母、六兄、十五兄相继病故。接连不断的意外打击，让白居易身心俱疲，尤其是六兄和十五兄，都不到四十岁，正是大展宏图之际，却不幸永别人世。命运如此不公，人生如此脆弱，这让白居易想到了自己。

此时，白居易已经迈入了而立之年，人生不过百年，如今已经走过了三分之一，白居易知道属于自己的机会已经不多了。如果不能通过吏部的考试，自己纵然是进士，也只能在家蹉跎岁月。而如果像两位兄长一样，过早弃世，那白居易无论如何，都心有不甘。

于是，白居易在忙完丧事后，又开始在符离专心准备吏部的考试了。毕竟，这次考试，承载着家族的期望，是无论如何都不能出现差错的。

贞元十八年冬，踌躇满志的白居易又回到了长安，准备参加吏部的选拔考试。自从科举及第后，白居易除了庆贺，就是在忙碌这件事，该找的人已经找了，招呼也打了，承诺也得到了，现在，就要看自己的临场发挥了。

参加吏部选拔的士子都是大唐当前的才子，所以，竞争是激烈的。经过漫长的考试选拔，到第二年春天，白居易又一次闯过了险关，成为八名幸运者之一，并被任命为秘书省校书郎。

这一年，白居易三十二岁，十多年的寒窗苦读，到这一刻，才真正结出了硕果，让白居易走上了仕途。长安城，终于要迎来一位长居客了。

第三章

百姓忧乐只在心

第一节　初入官场

世道变了，但人没变，与当年初到长安看世界时相比，白居易如今是到长安来闯世界的。虽然校书郎还算不上什么大官，但这毕竟是仕途的起点，对于白居易这样的才子来说，只要有舞台，就会唱出精彩的大戏。如今，舞台已经搭起来了，剩下的戏怎么唱，就要看他自己的造化了。

步入仕途，白居易就是一名名正言顺的朝廷命官，不再是过了今天担心明天口粮着落的白丁，他也有能力不再依靠任何人，可以自己负起养家糊口的责任。当然，更远大的目标也在等着他去实现。

首要的事情就是要在长安租一间房子，把自己和家人安顿下来。当初，顾况说长安米贵，不是一般人住得起的，如今，自己是朝廷官员，在长安工作，自然是有资格和能力居住在长安的。

白居易在长安转了一圈，终于找到了要出租的房子。这所房子位于长乐里，听名字就知道这不是一般人的房子。这所房子原来的主人是德宗朝的宰相关播。宰相私邸多，不在乎这么一间。所以，关播去世后，这所房子就空着，无人居住。时间久了，显得有些破败。这种房子，正合白居易这种读书人的心意，毕竟，宰相门第，不似那种商人气息浓厚的宅院——虽然豪华，却俗气太盛，难以让人心定神闲——而这所宰相府邸就不同了，处处渗透着文人的气息，一草一木都那么贴心。

走进院子里，白居易发现在这里竟然还种有一丛翠竹，看房子的人告诉他，这是当年宰相关播亲自种下的。闲来无事，宰相就会来此赏竹，听风来疏竹和雨打竹叶的声音，仿佛那就是最美的音乐。

竹本高洁，历来都是君子的最爱。看着眼前的一丛翠竹，白居易感受到了读书人特有的情趣。读书人都追求君子节操，而这也正是白居易所追求的。于是，白居易欣然租下了房子，并特地写了一篇《养竹记》，以此来勉励自己：

竹似贤，何哉？竹本固，固以树德，君了见其本，则思善建不拔者。竹性直，直以立身；君子见其性，则思中立不倚者。竹心空，空以体道；君子见其心，则思应虚受者。竹节贞，贞以立志；君子见其节，则思砥砺名行，夷险一致者。夫如是，故君子人多树之，为庭实焉。

在白居易眼里，竹子如君子般贤德兼备，与竹子相伴，就是要具备如同竹子一般坚定的性格；竹子挺拔，是为了站直身体，而君子仰慕竹子，就要培养自己正直无私的品格；竹子的心是空的，是为了接受道，君子仰慕它，就会想到自己要虚心接受道的教诲；竹子的节坚定，代表其坚贞，君子仰慕它，就要磨砺自己的品行，尤其在当前这个世道，随时都面临艰难的抉择，是叛国依附军阀，还是对大唐始终如一，是追求不应得的荣华富贵，还是安贫乐道不背弃君子的准则，都是一种考验。而只要想到眼前的这一丛翠竹，就应该确立自己的志向，做到有始有终，不轻易改变。

白居易初入仕途，就给自己立下了官场的准则，在大唐日薄西山的形势下，白居易始终坚持着自己的准则，没有抛弃大唐，去投奔任何一个实力派军阀，以换取自己的荣华富贵。哪怕大唐抛弃他不用，白居易宁可闲居，也坚守着自己的底线。这不能不说是这丛翠竹在时刻提醒着他。

居所有了，虽然不是那么豪华，但精神的富有，让他感到格外满足。而且校书郎的工作也不繁重，俸禄不薄，让他终于可以安心考虑自己的未来。此时，白居易的心情与过去十多年大不同，笔下的诗情流露的不再是与年龄不相称的哀愁，而是一种舒适闲散的安宁：

帝都名利场，鸡鸣无安居。独有懒慢者，日高头未梳。工拙性不同，进退迹遂殊。幸逢太平代，天子好文儒。小才难大用，典校在秘书。三旬两入省，因得养顽疏。茅屋四五间，一马二仆夫。俸钱万六千，月给亦有余。既无衣食牵，亦少人事拘。遂使少年心，日日常晏如。勿言无知己，躁静各有徒。兰台七八人，出处与之俱。旬时阻谈笑，旦夕望轩车。谁能雠校闲，解带卧吾庐。窗前有竹玩，门处有酒酤。何以待君子，数竿对一壶。

——白居易《常乐里闲居偶题十六韵兼寄刘十五公》

长安虽然是名利场，在此当官的人都各有打算，但想升官发财者居多，所以，这些官员们整日忙忙碌碌，无一刻安神。但白居易志向不同，他懒于为升官发财而奔波，所以，可以在日头高起时，还能躺在床上安心睡大觉。名利吸引不了他，长安日下的世风，又能奈他何？在这难得的太平时代，又因为当今天子偏爱儒生，所以，才能让白居易这个书生有用武之地。只是没有能担负更大的责任，只能担任校勘的秘书郎工作，也算不错了。如今，住着几间茅草屋，带着两名仆人，拿着供给有余的俸禄，不用担心衣食不足，而官职不大，也不用担心被挤对。工作轻松，整理一下书籍，写上几篇注释，就算交代了一天的任务，剩下的时间不是拥枕而眠，就是和几位知己一起饮酒作诗、出游。

这样的生活轻松自在，但却让白居易略有遗憾，那就是家人不在自己身边。自己奋斗十多年，不就是要给家人一个避风的港湾，让老母能在一个安居的环境里颐养天年吗？现在，自己的环境好了，可母亲还在符离，没有能让母亲过上好日子，实在让做儿子的于心不安。于是，白居易想着要把母亲接到长安来亲自照料。这样，这简陋的居所，才会有家的味道与和睦的气氛。

于是，在这一年秋天来临时，白居易趁着工作不忙，特地向秘书省请假，回符离老家接母亲来长安居住。

离别总是伴随着伤感，更何况这一次远离符离，还不知道有生之年能不能再回来。面对着伴随自己成长的符离山水，白居易有着割舍不断的浓情。虽然路途遥远，但对故土的深情却让白居易走得如此缓慢，仿佛要把这里的山水景色永远地刻在心底。

终于要走出符离的地界了，白居易站在符离的埇桥上，看着浩荡的汴河水，看着伴随自己青春的地方，白居易感慨万千。山水没变，但青春的日子已经一去不复返了。他在心里默默地同符离告别，也是在告别自己最值得纪念的青春时代。

或许是符离的山水过于沉重，白居易迈不开离去的步伐。一路上，走走停停，总想着离去能慢一点儿。在经过洛阳时，白居易想到了自己曾在圣善寺拜会过的、现在已经故去的凝公大师的遗骨就在寺庙的塔林。于是，他特地去瞻仰一番。

走进圣善寺，白居易的思绪又回到了几年前和大师相会的时光。那是贞元十六年，白居易刚刚进士及第，正是风光得意时，青春的活力和对未来的期望都写在脸上。他走进佛门圣地，凝公大师正在大堂里打坐，微闭着双眼，手里捻着佛珠，神情安详，镇静如水，即使白居易喜悦的气场如此强大，也没有让他受到感染。那一刻，白居易才感受到什么是安详不动如泰山，也见识到了一个不为名利所动的化外之人。

新科进士，本来就很稀罕，而白居易又如此年轻，自然比普通人更有前途，这种人能屈尊来到小庙，换作普通人巴结还来不及，然而大师却能做到淡定如水、无动于衷。白居易望着端坐不动的凝公大师，霎时间觉得自己太渺小了。

是呀，进士虽然了不得，但也不是什么不得了的人，而不受人世间的各种诱惑的凝公大师，才是真正的高人。这一切，使得白居易对大师肃然起敬。他收敛了自己的高傲，向大师跪拜下去，希望大师能为自己指点迷津。

所幸凝公大师没有拒绝，在几日的盘桓中，大师向白居易讲授了佛法，告诫他珍惜眼前的福分，不要做非分之想。大师的话，虽说是老生常谈，但却句句敲打在白居易的心田，让他拜服受教。

临分别时，凝公大师对白居易说："你前程远大，前途不可限量，又担负着振兴家族复兴的重担，自然会努力前行。但要记住，祸福相倚，如果不能看清前途凶险，不知道进退，纵居高位，也是如临深渊。"白居易低头受教，表示铭记大师的话。凝公大师知道白居易是可造之才，就送给了白居易佛门八字偈子：观、觉、定、慧、明、通、济、舍。佛门广大，虽然只有八个字，却包含着无限的深意。白居易深悟这八个字的偈子，明白了这是大师在开悟自己：你所追求的功名利禄和荣华富贵，都是身外之物，生不带来，死不带去，也不能伴你永远，而只有把握自性，才能获得永恒的安宁。

一句话点醒梦中人！白居易受教于大师的八字真言，领悟到自己是进士也好、白丁也罢，于世间都是浮云。人生短暂，自己拼命所追寻的目标，或许会耗费自己所有的精力，但就算真正得到，又能改变什么呢？日月照样轮回，军阀为了自己的私利，依然会刀兵相见，百姓还是鱼肉，任人宰割，痛苦不堪。自己得到的只是虚名而已，和那些过往的达官贵人相比，不正是一路货色吗？

参悟了佛门大义的白居易的人生观，悄然有了改变，虽然他依然在尘世间奔忙，但追求的重点不再是官场上的辉煌，而是一种高尚的精神需求。

如今，站在寺庙的塔林里，望着埋着大师遗骨的白塔，白居易心潮荡漾，想想自己坎坷的经历、家人的遭遇，此时，才依稀懂得人生就是梦一场的含义。

偶献子虚登上第，却吟招隐忆中林。

春萝秋桂莫惆怅，纵有浮名不系心。

——白居易《及第后忆旧山》

白居易在佛塔前写下了这一首感悟诗，也是在向凝公大师呈交一份自己的心得，当年自己中举，虽属不易，但毕竟只是浮名，不值得珍惜，能够和春秋盛景长伴，那才是人生最大的乐趣。如今，大师已经远行，此生不再相见，但大师的教诲却长存心里。

第二节　寂静的春天

　　白居易与家人来到了长安，在经过一番思量后，他把家人安置在离长安不远的金氏村。那里拥有一派田园风情，虽然没有长安城的繁华与喧闹，但这样的生活却对白居易有着无比的吸引力。家与长安城只隔了一条河，想家的时候，坐船就到了。与家人和淳朴的乡农一起相处的日子很美好，尤其在山野菊花盛开的时候，秋高气爽，带着农户家酿的村酒，在微醺的状态下，骑着马，绕村而行，满目所见，其乐融融。

　　更让白居易感到惬意的是，他在长安城里认识了几位志同道合的朋友。秘书省的校书郎，都是一些才华横溢的科第进士。因为日常的工作就是和典藏书籍打交道，如果是没几分才情的读书人，是难以有兴趣在这里待下去的。

　　共同的志向，让这一群读书人很快就成了朋友。元稹，这个和白居易一起参加拔萃科考试的进士，从相识的那一天起，就成了朋友。除此之外，还有刘禹锡、柳宗元，这些不久之后在大唐政坛上响当当的人物，此时也正都蛰伏在秘书省。

这是一群不甘寂寞的年轻人，他们的理想丰满，面对着尽显疲态的大唐，他们都梦想依靠自己的努力，恢复大唐往日的荣光，让那个扬威海外的贞观时代在自己手里重现。虽然只是和书本打交道的校书郎，但大家都坚信，属于自己的时代就要到来。

正是在这样的情怀感召下，一群年轻人一起饮酒，一起疯狂，一起潇洒，而这让白居易度过了一段初入官场最难忘的日子。

大唐政局，正在波浪汹涌之时，自然容不得这群书生长久地逍遥。贞元二十一年正月，唐德宗驾崩，顺宗即位。所谓一朝天子一朝臣，新天子即位，让有的人看到了振兴朝纲的希望，而顺宗也是一位有抱负的皇帝，对于藩镇割据的战乱局面，早有不满，期望在自己手里结束已经持续几十年的乱局。于是，他开始起用一批立志改革的人，中唐最为瞩目的永贞革新开始了。

顺宗起用的宰相是王叔文，他一上台，就开始搜罗帮手，校书郎柳宗元和刘禹锡就是在此时离开秘书省，成为了王叔文集团的中坚力量。作为曾经志同道合的好友，白居易无疑也是赞同这一变革的。但官场的凶险，却让白居易感到这一场政治变革应该是凶多吉少。

果不其然，王叔文的改革直接触动了藩镇军阀和守旧官僚的利益，他们联合起来进行反扑。首先，他们逼迫顺宗禅位给太子李纯，并在顺宗退位之后将其害死。失去了皇帝这座靠山，王叔文集团顿时没了权柄，成为任人宰割的羔羊。而李纯上台后，对王叔文集团的官员进行清算，刘禹锡、柳宗元等得力干将全部被贬，发配到蛮荒之地当地方官。至此，轰轰烈烈的永贞革新算是彻底失败了。

　　作为永贞革新的支持者，白居易并没有把自己置身事外，他有自己的抱负，自然也希望参与其中。为此，他曾给永贞革新集团中的韦执宜写了一封信，阐明了自己的政治理想。在信中，白居易除了盼望改革能取得成功之外，还提出了许多建议。白居易结合自己早年江海漂泊的经历，指出当前大唐政治革新最重要的就是要整顿吏治。

　　虽然白居易对革新政治充满了希望，但因为他官职小，这封信并没有得到重视，也正因为如此，在改革失败后，他幸运地躲掉了随之而来的大清算，没有与刘禹锡等人一起被赶出长安。虽然躲过了一劫，但白居易并不高兴。他知道这次革新是挽救大唐的最后希望，如今，希望破灭，大唐的复兴也就遥遥无期了。

　　作为大唐的忠臣和官员，白居易不愿看到大唐走向衰败，但现实如此，他也无能为力，既然无法为朝廷出力，只有寄情山水，暂时忘忧了。

　　长安周围的景致很多，但此时的白居易只有苦闷，再美丽的山水景色，在眼里也是萧瑟的。他来到慈恩寺，此时，春天已经远行，满目所见，已经没有了春的绚烂。不仅自然如此，就是人间春色也随着永贞革新而落幕，接下来，朝政依然持续混乱，百姓的苦难没有尽头。徘徊在寺庙的大门，念叨着凝公大师传授的八字诀，难道就真的只能在佛门里逃避现实吗？

对于个人来说，遁入空门很简单，但家族的期望、人生的理想又如何能就此埋没？想着自己十多年的苦读，科场折桂，最终换来的只是一场空，这让白居易感受到了现实的残酷。当初，自己和刘禹锡、柳宗元等人激扬文字、指点江山时，哪里会想到这样的结局？可如今，两位好友已经离开长安，远赴蛮荒之地，不知道这辈子能不能再见了，而自己的理想，或许也将永远停留在空想之中。

想到这里，白居易分外惆怅，春天已经离去，自己却还在此叹息春天不再，百花盛开的情景已经难以挽回，大唐盛世只怕和这远去的春天一样，再也看不到它的辉煌了。

永贞革新的干将们的下场也很凄惨，白居易写信的对象韦执宜被贬到崖州，也就是海南岛。结果走到半路，韦执宜就忧愤而死。消息传来，白居易对他大为同情，而朝承恩、暮赐死的残酷政治现实，又让他感到不寒而栗，不由得发出了行路难的感慨。

行路难，难于山，险于水，但这些自然的困难，对于有志之士来说，是不难克服的，唯独君臣之间的关系，却最难琢磨。在白居易看来，自己和永贞革新当中的韦执宜、刘禹锡和柳宗元等人一样，是怀着一颗报国之心的，但天子却不重视，把真正的忠臣赶出了朝堂，却启用宦官和一干宵小之人，怎能不让忠贞之士扼腕叹息呢？

在叹息声中，白居易百无聊赖地度过了自己校书郎的任期，这期间，由于永贞革新失败，白居易的心情倍感压抑。但日子究竟还是要过下去的。校书郎的职位已经不属于他了，他接下来要为自己的前途做打算。

按照规定，白居易校书郎年限到了，他要么得到朝廷其他官员的推荐，获得新的任命，要么又要去参加官员选拔考试，重新获得职位。第一条路，对于白居易来说，是走不通的。因为他在朝廷中的知己都是永贞革新时的官员，此时都已经被当权者赶出了朝廷，目前的掌权者不仅不是他的知音，相反，白居易对他们还充满了厌恶之情，所以他无论如何也不会放下身段，去求他们推荐自己。既然这一条路被堵死了，那就只好重新去参加考试。

好友元稹也与他一起参加了考试，两个志同道合的年轻人，也是永贞革新的同情者，在准备策论的日子里，两人一起评论时政，探讨朝廷施政得失，对于即将到来的考试，充满了信心。

由于这一次的考试是选拔官员，所以考试的题目很直接，就是有关如何治理国政等相关问题。这对于拥有报国之志的白居易来说，正好是一次展现才华的机会。拿到考题，白居易一挥而就，写下了自己的心里所想。

白居易认为，当今天下穷困，大唐子民陷入饥饿，就是因为赋税过于沉重；而连年征战，又需要耗费大量金钱，所以赋税难以减免。当前，连年征战的原因又是因为边祸不断，边祸不断的原因又是因为朝廷吏治不清，用人不明造成的。所以，要从根本上解决问题，就必须正本清源，惩治贪官污吏，革新政治，同时，减免赋税，收拾人心，这样社会才能安定，政局才能稳定，大唐振兴也就指日可待了。

白居易拳拳报国之心，溢于笔端，可是，他的策论触动了当权者的神经，他们觉得无论如何不能把他留在京城。因此，白居易的策论虽然针砭时弊，并且有如何改进的条陈，但因为只被列为第三等，所以他最终被外放到京城外围的盩厔县（今陕西省西安市周至县终南镇）当一名小小的县尉。而好友元稹，则被列为一等，官拜左拾遗，成为响当当的朝廷大员。

对于这样的结果，白居易是心有不甘的，因为县尉是小官，地位不高，但要担负的事情却非常繁重，远远不能施展自己的抱负。但不管怎样，在仕途上毕竟有了着落。所以他还是打点行装，准备离京赴任了。

又是一次告别来临，这不得不让白居易有了不舍之心。想当初永贞革新失败后，好友刘禹锡被贬，由于是戴罪之身，刘禹锡不忍牵连朋友，所以连跟白居易告别都顾不上，就赶紧离开京城了。如今，当初的好友，只剩下自己和元稹，想不到现在又要分别了，这让人情何以堪？

与刘禹锡相比，白居易和元稹之间更加亲密一些。因为他们两人的性格比较接近，都是沉稳有余，激情不足，没有刘禹锡那种勇往直前的斗士性格。所以，在感情上，白居易更偏向于元稹。他们两人自从第一次参加拔萃科考试结识以来，就结下了深厚的友谊，并且相交多年，没有分开过。如今，就要各奔东西了，更增添了白居易的伤感之情。

为了纪念这一段真挚的友情，白居易写下了一首诗作为临别的纪念：

自我从宦游，七年在长安。

所得惟元君，乃知定交难。

岂无山上苗，径寸无岁寒。

岂无要津水，咫尺有波澜。

之子异于是，久处誓不谖。

无波古井水，有节秋竹竿。

一为同心友，三及芳岁阑。

花下鞍马游，雪中杯酒欢。

衡门相逢迎，不具带与冠。

春风日高睡，秋月夜深看。

不为同登科，不为同署官。

所合在方寸，心源无异端。

——白居易《赠元稹》

白居易回忆自己步入仕途以来，一晃在长安就待了七年，如此长的时间里，作为一名异乡人，难免感到孤独。所幸的是认识了元稹这位朋友，真正结识了他，才知道知己是多么难得。元稹的品行高洁，与自己情趣相投，在长安这么多年，一起饮酒写诗，日子过得非常惬意。自己与元稹相交，非常随意，在家里接待，可以不用穿着那么正式。在春困的日子里，可以相对而眠，在秋高气爽的月夜里，可以座谈到深夜。我们一同考上科举，一起在同一个部门做官，可以说是奇遇，但都不值得我们留恋，我们所看重的就是彼此间的肝胆相照，亲密无间。

　　如今，两位好友因为岗位不同要分别，未来将会怎样？或许只有时间才能回答了。

第三节　官虽小，心向善

　　白居易离开长安，在盩厔开始了自己地方小官的生涯。上任没几个月，就得到了不好的消息，好友元稹出事了。作为左拾遗，元稹因为直言进谏而被踢出了朝廷，贬为河南县尉，比自己距离京城还要远。更让人伤心的是紧接着元稹的母亲和岳父相继去世，在仕途受挫和亲人离世的双重打击下，元稹一下子从幸福的顶峰滑落下来，陷入了人生的黑暗时期。白居易不禁在心里为朋友感到惋惜，由于职责所在，他不能亲到朋友面前安慰，只能远远地为好友送上祝福，期望他能挺过这一段艰难的日子。

　　白居易的地方官生涯，相对比较清闲，作为一个县尉，需要他操心的事情并不多，也就是向民众收缴赋税。民众赋税的繁重，白居易是了解的，也是同情的。在他考试的策论里，已经对此有过呼吁，但人微言轻，起不了什么作用。然而此时，他必须去充当第一线的收缴者，这又让白居易感到无论如何也下不了手。所以，他只能勉强应付这一差事。

干了没多少时间，白居易发现自己和失意的朋友元稹处境几乎是一样的，元稹是因为个人遭遇导致心情陷入低谷，而自己则是因为看不惯官场所为而使得心情在低谷徘徊。为此，他向一位与自己同在一起工作的朋友写了一首诗，表达自己失意的苦闷。

紫阁峰西清渭东，野烟深处夕阳中。

风荷老叶萧条绿，水蓼残花寂寞红。

我厌宦游君失意，可怜秋思两心同。

——白居易《县西郊秋寄赠马造》

白居易工作的县西郊的紫阁峰西渭河以东，是一个很不错的去处，因为没有什么人，所以森林茂盛，从那里流淌出来的渭水都是清澈的。每当夕阳西照，野烟笼罩，有着独有的韵味。一切都显得那么安静，可以让我这个芝麻官有一个独处的时间，仔细地欣赏着四周的美景。你看那风中荷叶已老，虽有余绿，但很萧条；水蓼尚有残花未谢，红润的枝干，在秋风中显得十分寂寞。虽然我才刚刚当上一个小官，但对于仕途已经厌倦了，而你也怀才不遇，在这美好的秋季里，我们两人的境遇却是一样的。

白居易仕途不得意，也失去了进取的心思，这不是自视清高，而是一种感情的真实流露。大唐永贞革新的失败，已经让他失望了一次，而现在，把他发配在这里当一名小小的县尉，无疑又将他打入了谷底，面对着这样无情的现实，自己的抱负还有什么用呢？

虽然上任的时间只有几个月，但白居易发现自己有些厌倦了，从这一刻起，白居易不再强求自己在仕途上有所追求，相反，他更看重那种飘逸的隐士生活。似乎那种生活状态才是他灵魂的归宿。

也正是有了这种心态，白居易在县尉的岗位上并没有热心去付出，相反，只是抱着一种敷衍的态度。不能为民请命，那就尽量做到不扰民吧。

白居易是性情中人，也是可爱的人，不愿在官场中同流合污，尽量保持着自身的高洁，寻找着属于自己的快乐。他是这样想的，也是这样做的。

于是，喜欢游历的白居易，又把自己的全部重心放在了游玩上面。每次办完公事，他都将闲暇的时间花在了游历上面，让自己沉浸在山水之间，轻松一下。同时，也让自己与山水来一次难得的邂逅。

在白居易眼里，盩屋虽然小，但山水不小，尤其对于失意的人而言，精致的山水，更能让自己忘记不快。

一为趋走吏，尘土不开颜。

辜负平生眼，今朝始见山。

——白居易《盩屋县北楼望山》

来这个地方，当一名催缴赋税的小官，干得不如意，每天都在忙碌，却忘记了盩厔这个地方同样有吸引人的山水。自己走南闯北，见过的山水无数，也算是开过眼的人，但看了盩厔的山山水水，才发现以前见过的山水都算不了什么，这盩厔的山，才算是真正的山。

白居易能有如此的感叹，说明他已经摆脱了被发配到盩厔的不如意心情，做到了尽量让自己沉淀下来。既然不能改变，那就试着喜欢这里吧。这样，还能减少不必要的烦恼。只是当前所经历的一切，都无法让自己真正喜欢这里的为官生活，只有寄情山水，才能让自己摆脱不快了。

好在盩厔的山水没有让他失望，在离治所不远处，有一座仙游山，山上有潭，这座潭并不深，但奇特之处在于潭水是黑色的。这与其他地方看到的潭水有很大的不同，所以，对白居易的吸引力就格外大了。同时，仙游山上还有隋文帝时期修建的一所寺庙——仙游寺。大隋朝虽然距离唐朝不远，但存在时间短，自然这个前朝留下的寺庙，也成了古迹，而且还保存完好。这对于白居易这样的文人来说，又多了一个好玩的去处。

不仅如此，在乱世，许多名人已经看透了世事，选择了避世。盩厔离长安不远不近，也不荒凉，但又不是繁华的城市，正好是隐士们避世的不二之选。所以，盩厔一地，就集中了许多当时很有名气的文化人，而这座仙游山，正是这些隐士们竞相看中的地方。

与这些前辈名士相比，白居易属于后来者，而且还在尘世间奔忙，还向往着有朝一日能发挥自己的治理才干。只是由于时运不济，才让他移情山水，与这些隐士相会。

暗将心地出人间，五六年来人怪闲。

自嫌恋着未全尽，犹爱云泉多在山。

——白居易《游仙游山》

作为一名官场的底层官员，每天都在琐事中打转，而且这些事又和扰民有关，自然提不起白居易的兴趣。所以，他拿不出好的表现，也就提升无望。这么多年来，虽然顶着进士的光环，但无论是在秘书省还是在这里，都难以施展抱负，只是徒徒消耗生命而已。好在俗事虽多，但并没有让自己对自然的热爱全部被消磨掉，眼前这座山，不就有白云、山泉在此吗？

当然，吸引白居易的仙游山不仅有白云、山泉，还有那些居住在此的隐士们，论起来，他们都是鼎鼎有名之辈：王质夫、尹公亮、穆三十六、陈鸿，这些人随便出去走走，都能引起轰动和注目。如今，他们都已经厌倦了红尘的侵扰，只想在这仙游山里，和云泉做伴，与清风为伍，乐享人生。

山不在高，有仙则灵，更何况这些人间的仙人居住在此，自然让原本就有名的仙游山更加有名，也更能吸引白居易前往拜访和游玩。文人的心是相通的，更何况白居易是进士，有诗界新人的美誉。大唐的文人相见，诗歌就是彼此的通行证。因此，白居易很快就和这些隐士打成了一片。

曾于太白峰前住，数到仙游寺里来。

黑水澄时潭底出，白云破处洞门开。

林间暖酒烧红叶，石上题诗扫绿苔。

惆怅旧游无复到，菊花时节美君回。

——白居易《送王十八归山寄题仙游寺》

在白云缥缈的仙游山，白居易找到了另外一种生活状态。他和这些隐士们在林间暖酒，在岩壁上题诗，这种无拘无束的生活让白居易感受到了一种自由，原来还能如此生活？摆脱了名利的羁绊，生活可以如此随性，这不是自己一直所向往的吗？或许，仙游山的生活，让他打下了日后归隐的念头。

在盩厔，他不仅和那些隐士交往，还结交了一位好朋友。或许是白居易幼时经过了江海漂泊的日子，让他具备了随时交友的能力。虽然在盩厔这样一个小地方，当着一名芝麻官，但并不妨碍他在衙门里交友。衙门不大，但总要有几个人，同在这里当县尉的李文略，就在短时间内成为了白居易的知己好友。他们两人都是文人，又都对百姓抱有同情心，不喜欢苛政。共同的志趣，拉近了他们两人的距离。

低腰复敛手，心体不遑安。

一落风尘下，方知为吏难。

公事与日长，宦情随岁阑。

惆怅青袍袖，芸香无半残。

赖有李夫子，此怀聊自宽。

两心如止水，彼此无波澜。

往往簿书暇，相劝强为欢。

白马晓踏雪，渌筋春暖寒。

恋月夜同宿，爱山晴共看。

野性自相近，不是为同官。

——白居易《酬李少府曹长官舍见赠》

作为先来者，李文略自然知道像白居易这样性情的人，想当一名能得到上司赏识的官，是非常不容易的。因此，在白居易陷入困惑时，李文略就开导他，在白居易想游玩山水时，李文略欣然与他做伴。冬日里，他们两人骑马踏雪，喝着热茶村酒，即使在寒冬，也能因为有好友相伴，而让白居易感到春日的温暖。有友如斯，夫复何求？正是因为有李文略相伴，才让白居易暂时忘却了官场上的黑暗。

第四节　探索沧桑中的柔情

在盩厔，虽然有山水相伴为乐，有朋友相处能忘却烦恼，但作为一名有抱负的人，白居易依然没有忘记民间的忧乐。盩厔县并不因为有绝佳山水，就能躲过政府的搜刮和自然的侵害。就在白居易在盩厔当县尉时，盩厔也经历了一场旱灾。夏季连月无雨，庄稼在烈日烘烤下旱死，民众的日子变得更加难熬了。

诗人的情怀自然是按捺不住的，尤其是在这里任职与百姓的生活更加贴近，让他的笔端能更加从容地描绘民众的日常生活。

旱久炎气盛，中人若燔烧。

清风隐何处，草树不动摇。

何以避暑气，无如出尘嚣。

行行都门外，佛阁正岧峣。

清凉近高生，烦热委静销。

开襟当轩坐，意泰神飘飘。

回看归路傍，禾黍尽枯焦。

独善诚有计，将何救旱苗。

——白居易《月夜登阁避暑》

这是元和二年白居易在任上写的一首诗。夏日的天气，火热得让人难以消受，白居易为了避暑，来到山上高处的一座亭阁，这里清静，正符合诗人的雅趣，而亭台凭高而建，微风徐来，暑气顿消。白居易在这里坐下，环顾四周，顿觉视野开阔，神清气爽。

虽然这里是避暑之地，但亭台外面，却热气逼人，怡人的清风不知道躲在哪里，所看之树木花草，在灼热的阳光下，无精打采地立着，全没有了往日的生气。好在还有这么一处凉亭，让人可以躲过酷热侵扰。远处的高山上，有一座寺庙，即使在这暑热里，依然香烟缭绕。

从来高处少人烟，但在这暑热天里，只有高处才能让人感觉舒适，在这里，盘腿而坐，放飞思维，所有的烦躁和不安，都在宁静中消散。

但是，欢愉的时刻总是短暂的，作为一名基层的地方官员，职责让白居易更为关心普通百姓的生活状况。看看来时的路旁，百姓种的各种庄稼因为天旱，几乎全都枯死。白居易是经历过流离失所的日子的人，品尝过饥饿的滋味，他明白如果因为天旱导致农民没了收成，那接下来的日子将会是多么难熬。看着眼前的一切，白居易不由得忧心忡忡，虽然他自负要安邦定国，但面对着眼前的旱情，白居易才发现自己是如此的渺小，他想不到任何办法来解决旱情，拯救田地里的庄稼。此时，他只能在心里期盼老天爷能早日降下甘露，普度众生。

诗人的力量是有限的，无论是他低微的官职，还是此时替百姓发出的呐喊，对于改变当前的危局是没有任何帮助的。对此，白居易也只能抱憾。满腔的愤懑无处发泄，只有靠饮酒来压抑。

不久，期盼了好久的雨天终于来临了，但白居易却没有半点喜悦之情。这场雨对于百姓的生活改变，起不到什么作用，但却会给官府收租税增加借口，只怕百姓的日子将会更加艰难。

白居易站在庭院里，心里装满了为百姓担忧的愁绪，让他不得安宁。他多么希望此时能有好友为他排忧解难。他想到了在仙游山居住的朋友尹公亮，何不在这个雨夜，去和他对饮一番，消除自己的烦恼呢？

于是，心血来潮的白居易马上动身，踏着乡间泥泞的小路，向仙游山进发。尹公亮是当时最著名的文人雅士之一，也曾有过不凡的抱负。但仕途失意，使得他断绝了做官的念想，只在这仙游山悠游度日。他似乎也没有料到白居易会在这雨夜里来访，看着他被雨水淋得狼狈不堪的样子，尹公亮不禁哑然失笑。

惨惨八月幕，连连三日霖。

邑居尚愁寂，况乃在山林。

林下有志士，苦学惜光阴。

岁晚千万虑，并入方寸心。

岩鸟共旅宿，草虫伴愁吟。

秋天床席冷，夜雨灯火深。

怜君寂寞意，携酒一相寻。

——白居易《秋霖中过尹纵之仙游山居》

　　两个寂寞的人，在这雨夜里，只能对坐，借酒浇愁。那一夜的寂寞能有什么？只能把无限的心绪都化在眼前的酒杯里了。

　　县尉是需要经常与百姓打交道的小官，在县尉任上，白居易也要到民间走走，这让他观摩了大量的风情。此时的大唐，已经没有了贞观之治和开元盛世时的丰收景象。虽然田间有农民在忙碌，但一年下来的收成，除了缴纳租税，几乎所剩无几。而就是这所剩无几的粮食，也会被官府以各种加派的借口搜刮干净。作为一名县尉，这种缺德的事，都必须经手，这又让他经常陷入苦闷之中而不能自拔。

　　多少次，白居易向县官提出不可竭泽而渔，否则将会带来更大的动乱。只是，对于他的建议，县官是懒得理会的。都为百姓说情，谁又能体会当官的难处呢？今天有了一丝善念，放了百姓一马，即使明天自己的脑袋不搬家，官职也会丢的。因此，对于白居易的说教，县官根本不予理会，而是直接打发他赶快去办事，要是误了事，惩罚也是跑不掉的。

面对此种情景，白居易满腔的忧愤无处说，只好诉诸笔端，写下了这一首诗：

田家少闲月，五月人倍忙。
夜来南风起，小麦覆陇黄。
妇姑荷箪食，童稚携壶浆。
相随饷田去，丁壮在南冈。
足蒸暑土气，背灼炎天光。
力尽不知热，但惜夏日长。
复有贫妇人，抱子在其旁。
右手秉遗穗，左臂悬敝筐。
听其相顾言，闻者为悲伤。
家田输税尽，拾此充饥肠。
今我何功德，曾不事农桑。
吏禄三百石，岁晏有余粮。
念此私自愧，尽日不能忘。

——白居易《观刈麦》

农事繁忙，以农为生的人在五月里，就已经忙得热火朝天了。夜里刮起了南风，这是庄稼人最为盼望的季风，只要南风刮上几次，整个垄上的小麦就成熟了，黄灿灿的，让人看着心动。婆婆媳妇端着食物，儿童拿着水壶，这是去给在田里忙碌的男人们送食物和茶水。因为他们忙得连回来吃饭的时间都没有，只有在田里抢时间吃上几口。这些男人们脸对着大地，背对着蓝天，下面如同笼蒸，上面如同火烤，但是他们用尽一切力量挥舞着镰刀一路向前割去，似乎完全忘记了炎热，因为现在是收割粮食的关键时刻，要是遇到雨天，那一年的辛苦就可能全部泡汤了。所以，时间必须抓紧呀！舍不得浪费。天气如此之热，看着他们如此劳累，不得不让人叹息白天如此之长，让他们全然没有一点儿休息时间。

在这群繁忙的人中间，还能看到一个贫穷的妇人，她抱着自己的孩子站在那里，她右手不停地拾着田里遗弃的麦穗，左臂上挎着一个破烂的筐，那情景，看上去就让人辛酸。再听她诉说其中缘由，忍不住为她的遭遇感到悲伤：家里的田地的收成全都交了朝廷的赋税，已经没什么可吃的了，所以只能来这里捡一些遗弃的麦穗回去充饥。

听了她的话，让我感到非常惭愧。作为一名朝廷的官员，我有何德何能呢？上不能为朝廷割除弊政，下不能为百姓解除痛苦，但却能拿着三百石的俸禄，不事稼穑，却能家有余粮，想想这真是令人难以启齿的事呀。

同那些尸位素餐、只知道享乐的官员相比，官职低微的白居易却能想到自己的付出与收入不相匹配，不仅因此感到羞愧，还表达了对农民的深切同情，的确是难能可贵的。

第四章

道是无情却深情

第一节　断肠泪，辜负人间真情

　　唐代大诗人的爱情生活似乎都不怎么如意，当后人津津乐道李白、杜甫的诗歌成就时，对于他们的爱情生活，却往往说不上来。而在大唐诗坛，整日里沉浸在爱情这条悲伤的河里的人，似乎只有白居易的好友李商隐算得上是多情才子了。

　　白居易，似乎看不出他是一位多情的人，再参看他后期的生活，仿佛还会让人觉得他是一位滥情的人。其后期的地方官生涯，只要出游，多会带着家养的歌伎或者女乐出行，而且风光派头都为观者津津乐道，成为谈资，也是一众喜欢风流的文人羡慕的对象。

　　白居易花心吗？似乎是。但白居易却是一个标准的晚婚族，三十多岁了，还是孤身一人。这在当时的大唐，是不可思议的事，这是为什么？要知道，白家是大家族，虽然败落了，但一直到他父亲时，还是官宦之家，而且白居易中进士时，只有二十七岁，正是少年才子扬名时。这个年纪要结婚，肯定不会是什么难事。但为什么他却一直孤身一人呢？

原因很简单，因为他真爱过一个女人，不仅真爱，而且爱得深，爱得痴情。正是这份痴情的爱，伴随他走过了很长的一段孤独岁月。

这个让白居易刻骨铭心的女人叫湘灵。

湘灵是白居易的初恋，也是他心中的女人，更可贵的是两人是青梅竹马的恋人。

在符离居住时，白居易正年轻，年轻人的心，燃烧着无穷的火焰，更何况此时的白居易刚游历长安归来，带着文坛大佬顾况的评价，对前途充满着无限的憧憬，希望通过自己的努力，实现金榜题名、跨马游长安的梦想。因此，在符离，白居易的主要精力，都用在了苦读诗书上面，为了明天的梦想而拼搏。

读书的时光是乏味的，更何况是要参与竞争性最强的进士科考试。所以，白居易苦读诗书的结果就是口舌生疮，连手肘都磨起了厚厚的茧子，头发变得斑白，牙齿松动，看不到青年人的影子。

幸好，白居易结识了湘灵——一位住在离他家不远的青年女子，正是因为湘灵的存在，才使得白居易的苦读生涯充满了秀色。

正当怀春的年纪，又遇到了一位可心的女子，怎能不让白居易徜徉在爱的海洋里？为此，白居易特地为湘灵写了一首诗，赞美心中的女神：

娉娉十五胜天仙，白日姮娥旱地莲。

何处闲教鹦鹉语，碧纱窗下绣床前。

——白居易《邻女》

在年轻的白居易眼里，十五岁的湘灵美得不可方物，有如白日里的嫦娥仙子，又如同一朵旱地的莲花，亭亭玉立，高洁端庄。湘灵也能体会到白居易苦读诗书时的寂寞无聊，所以，只要有时间，就来为他解闷。为了让白居易能在苦读之余有放松的时刻，湘灵特地为白居易养了一只鹦鹉，还抽空教会了鹦鹉说话，好让白居易能在鸟语中忘却疲劳。相爱人的心思总是那么机巧，一个精巧的玩物，伴随着白居易度过了寒窗苦读的日子。

在符离，正是白居易的诗文和能力走向成熟的时期，自然，这里面也应该有爱情的功劳。可以想象，以书籍为伴的白居易，肯定会因为有爱人在侧，而忘记苦读的烦恼。即使读书到深夜，只要看到湘灵在侧，也会感觉如在安乐窝一般。

满天的星斗，闪闪烁烁，都如同在传递着笑意，似乎在为这对才子佳人的缘配而贺喜；秋风飘吻，万物多姿，都因为这对情侣的存在而起舞。

月儿朦胧，是这对恋人所陶醉的仙境，本只有夜晚才能出现的嫦娥，却成了白居易日常的陪伴，这样的日子难道不迷醉而又浪漫吗？不需要什么火辣的语言，不需要什么亲昵的行为，只要彼此懂得心灵中共鸣的声音，就能让双方都得到满足，你中有我，我中有你，虽然两人的身份悬殊，一个是官宦人家里的才子，肩负着家族复兴的使命，一个只是贫家女子，注定是难以平起平坐的，但灵犀的精神世界里游走着他们的秘密——只需要拥有现在，甜蜜的心情就不会感到那么压抑。

甜蜜的日子注定短暂，两年后，白居易的父亲被朝廷派往襄州，而白居易也遵父命，离开了符离，与家人一道，来到了襄州，这就注定要与湘灵分别了。

正处在炽热恋情中的男女，就要分开了，而在战乱中，这一次的分离，或许就意味着永别。永别对于白居易而言，已经是家常便饭，与亲人的痛苦分离，早就将白居易的神经折磨得近乎麻木了。但与恋人的别离还是第一次，此时，离别的愁绪，就如同一把钢刀，在凌迟着他的灵魂。

不得哭，潜别离。

不得语，暗相思。

两心之外无人知。

深笼夜锁独栖鸟，利剑春断连理枝。

河水虽浊有清日，乌头虽黑有白时。

惟有潜离与暗别，彼此甘心无后期。

——白居易《潜别离》

别离的时候，因为种种原因，无法让眼泪尽情地流淌；因为难以在一起，只能把相思埋藏在心里，连一句情话都不能诉说。这种撕裂人心的苦，只有你我两人知道，外人哪里能感到？恋人间最痛苦的就是在离别时无缘诉说感情，而在战乱时，远行的地方又是如此遥远，此生能否再见，只有天知道。所以，只有如同笼锁孤鸟一般，狠心割断情思，这样，或许是最好的选择。

情缘难续的悲苦，让白居易和湘灵痛断肠，这或许是此生白居易最难以割舍的感情。在白居易看来，浑浊的河水都有重新清澈的时候，黑头乌鸦也能守到变白的那一天，只有自己和湘灵知道，此时一别，就再也见不到了。

和湘灵分别后，白居易无时无刻不在思念自己的情人。每当夜色降临时，白居易的心绪就会飞到符离，缠绕在湘灵身边。夜色弥漫，万籁俱寂，此时的思念，弥漫着醉人的温柔，淡淡的月光下，恍然印出远方的情人的身影，过往的种种亲密如丝雨如清风，若隐若现，笑语犹记，但此时，清冷的月光，却无法体会白居易心中的相思苦，任他在孤寂中徘徊。

念想就在一刻开始蔓延，一点一点，缠绕在白居易的心头。多少日子里，白居易就这样站在窗前，感受着那种铭记在心里的久违的心情，惦念着，渴望着，纠缠着，淡漠着……复杂的心绪也遮盖不了此时思念情人的眼睛，因为，那里有一颗晶莹的泪珠——思念情人的眼泪，在静悄悄地滑落。

这一段情，无处诉说，只有自己感伤，因为这是他的初恋，因为那是他情感的真正归宿，更是对爱情花季的憧憬，还有她的天真纯朴、楚楚动人，让白居易按捺不住的思绪奔涌。

白居易和湘灵之间有着那个时代所禁止的肌肤之亲。可以想象，具有诗人情怀的白居易和怀春少女湘灵之间在一起的日子久了，心里的春情自然会形成炽热的情火，情火弥漫，两个年轻人自然难以抵御。多年以后，白居易还能在漫漫长夜里回想起那销魂的一刻：

艳质无由见，寒衾不可亲。

何堪最长夜，俱作独眠人。

——白居易《冬至夜怀湘灵》

像湘灵那样的女子，是不可能再见到的，自己孤独一人，棉被冰凉，在冬日最长的夜晚，让人不敢亲近。想着在遥远他乡的最亲近的人，此刻也是和自己一样，都在孤独之中。现在都是独眠人，当年应有同床共枕时。那令人心醉的肌肤之亲，当永远留存在记忆的深处了。

白居易知道，即使没有战乱，平民出身的湘灵和自己之间，也存在着天然的鸿沟。因此，他把湘灵比喻为蔓草，而把自己比喻为松树。蔓草在松树下生长，想攀附松树，却是不可能的。在白居易看来，这就是自己和湘灵之间的感情现实，只能是一段苦恋，注定不会有结果。

白居易和湘灵再一次重逢，是白居易中进士回符离探亲。这一次，白居易二十九岁，湘灵二十五岁，两人一个没娶亲，一个没出嫁，但面对彼此时，却只有无法言说的情愫而难以走近。

二十五岁的女人，在唐朝已经属于老姑娘了，但湘灵依然待字闺中，可想而知，为了白居易，一片痴情的湘灵，该担负着多么大的压力。但此心无悔，因为有相思做伴，孤独又算得了什么？

两位泪眼相看的恋人，除了传递无限的情思，一句话也说不出来。

愿作远方兽，步步并肩行。

愿作深山木，枝枝连理生。

——白居易《长相思·九月西风兴》节选

这是湘灵的愿望，因为作为恋人，两人都不可能有在一起的机会，所以只能化作爱情的信物，才能有永不分离的一天。

望着已经在奋斗之路上达成心愿的爱人，湘灵知道，白居易取得的成就越高，离自己也就越远，但她无怨无悔。出身的差距，不是两人造成的，也不是人力所能改变的，虽然不能在一起，但只要心中相互拥有，此生足够了。只要能有机会珍惜在一起的时光，就是天下最幸福的事了。

白居易这一次在符离停留了十个月，为了前程，他必须离开。

食檗不易食梅难，檗能苦兮梅能酸。
未如生别之为难，苦在心兮酸在肝。
晨鸡再鸣残月没，征马连嘶行人出。
回看骨肉哭一声，梅酸檗苦甘如蜜。
黄河水白黄云秋，行人河边相对愁。
天寒野旷何处宿，棠梨叶战风飕飕。
生离别，生离别，忧从中来无断绝。
忧极心劳气血衰，未年三十生华发。

——白居易《生离别》

相爱而不能在一起，人世间的悲伤还有比此更惨痛的吗？正当人生意气风发的岁月，白居易却没有感受到多少喜悦，相反，不到三十岁，就生出了白发。为情所伤，已经伤到了白居易的骨髓，怎能让他不痛？

回到长安的白居易，当了秘书省的校书郎，但他心里仍然想着湘灵。“惆怅时节晚，两情千里同。”白居易和湘灵两情相悦，心意相通，虽然相隔千里之外，但依然能感到对方对自己的思念。"佳期与芳岁，牢落两成空。"对幸福的憧憬和美丽的年华一起，都在期盼中失落，白居易只能仰天长叹，此生只能辜负湘灵了。

一晃又是十多年过去了，白居易已经年过而立，朝不惑之年奔去。在这十多年里，白居易除了在仕途上不断向前，就是在诗坛上磨砺自己的诗风，什么都考虑到了，唯独不言婚姻。

第二节　光阴成就了感情

白居易的特立独行，引起了许多人的猜测，尤其是白居易的母亲。但白居易自己明白，不是自己不想结婚，而是实在放不下湘灵。而现实的鸿沟，让他和湘灵之间不可能如愿，母亲心焦，又不得不让白居易彻底斩断情丝，开始考虑自己的婚姻了。

元和三年春，白居易同好友杨虞卿的妹妹完婚。这段婚姻对于白家和杨家都是皆大欢喜。尤其是白居易的母亲，见儿子完婚，也算了却了一桩心事。白居易是孝子，见母亲高兴，也放下了心里的一块石头。

杨家也是官宦之家，虽然官不大，但杨门子弟都是读书人，也希望在仕途上有所进步。因此，对于杨家的女婿，也自有一番考量，其中，仕途进步，就放在最前头了。

只是此时，白居易对于宦游的心肠已经冷了，然而他的这番话却无法对杨家人说，更不能对妻子说。想到这里，白居易又想到了湘灵，如果她是自己的妻子，绝对不会让自己进退两难的。

但不管怎样，白居易的心意不会变更，虽然他即将奔四十，官场生涯也在起步，前途被看好，只不过他知道如今的大唐，已经日薄西山，人人都想成为钟鸣鼎食之家，但最后如愿的能有几人？还不如安身立命，寻个平安为好。想到此处，白居易决定还是向自己的妻子做个明示，希望她能理解自己的心。于是，他向妻子写了一首诗：

生为同室亲，死为同穴尘。

他人尚相勉，而况我与君。

黔娄固穷士，妻贤忘其贫。

冀缺一农夫，妻敬俨如宾。

陶潜不营生，翟氏自爨薪。

梁鸿不肯仕，孟光甘布裙。

君虽不读书，此事耳亦闻。

至此千载后，传是何如人。

人生未死间，不能忘其身。

所须者衣食，不过饱与温。

蔬食足充饥，何必膏粱珍。

缯絮足御寒，何必锦绣文。

君家有贻训，清白遗子孙。

我亦贞苦士，与君新结婚。

庶保贫与素，偕老同欣欣。

——白居易《赠内》

白居易是一个重感情的人，虽然他的心早有所属，但既然已经与杨氏结婚，自然要承担起做丈夫的责任，所以，他才向妻子表白，我们已经是一家人了，从此，活着我们是亲密的一家人，死后要埋在一起，共同化为尘土，实现生死都要在一起的愿望。我和你的家世与别人不一样，所以，更应该相互勉励，古时有那么多贫贱不移的夫妻，想必你早就知道了。这些贫贱夫妻的事迹传到现在，已经历经千年了，但还会继续传承下去。人在活着的时候，不可因为追求奢华而败坏家世，衣食但求温饱而已，何必过分追求奢华呢？你我都是清白人家的子女，你的家里有如何做人的遗训，我的家庭也把贫贱不移放在首位，今天，我们成为夫妻，应该把两家的祖训发扬下去，永葆朴素，白头偕老。

白居易通过写诗的方式，委婉地表达了自己的志向，期望妻子能够理解自己的志向。从感情上说，白居易和杨氏结婚，更多的是履行成家的义务，和杨氏在一起，他的感情并不炙热，展示的更多是一种士大夫的门风而已。

有家了，但不等于灵魂有了归宿，相反，对于自己的安宁，白居易对于湘灵的负疚感似乎更多了。哪怕是一场秋风，一场春雨，都会让他想起挚爱的女人。

我有所念人，隔在远远乡。

我有所感事，结在深深肠。

乡远去不得，无日不瞻望。

肠深解不得，无夕不思量。

况此残灯夜，独宿在空堂。

秋天殊未晓，风雨正苍苍。

不学头陀法，前心安可忘。

——白居易《夜雨》

思念的人在哪里？在远方！所有可以感怀的事情，只能深藏在衷肠之中，不能言说。我们之间相隔太远，不能相见，但思念却让我们每日隔空相望，遥寄情思。内心的相思之苦，却没有什么方法可以化解，如同思念却随日月俱增。这种思念无时无刻不在缠绕着我，哪怕学了最深刻的佛法，也难以忘却。

满篇都是一些冷冰冰的字眼，让人能深深感受到这对曾经爱得火热的恋人，却被现实无情地分开了。恋人所在的地方如此遥远，不是瞻望就能望到的，但白居易还是要望，因为只有这样，才能让情感传递。

人总是在错过最爱时，才能感受到那种情伤之痛。

白居易的仕途虽然不怎么风光，但总体来说还是比较顺利的。就在他结婚的那一年，他成为翰林学士，一年后，又官拜左拾遗，有资格参与朝政大事了。只是好景不长，书生气十足的白居易没多久就卷入了朝廷纷争，被权贵们罗织罪名，赶出了朝廷，贬往江州当司马。

对于离开朝廷中枢，白居易并不后悔，相反，还有一种喜悦的解脱。但让他没想到的是，就在前往江州就任的途中，他和湘灵相遇了。此时，湘灵已经四十岁了，站在白居易面前的她，早就不再是当初那个春华绝代的女子，而是一个半老的妇人，唯一没有改变的就是她依然是待嫁之身。

我梳白发添新恨，君扫青娥减旧容。

应被傍人怪惆怅，少年离别老相逢。

——白居易《逢旧》（其一）

白发不仅仅是岁月的标志，还是一种难以抛却的离愁别绪。原以为青春的爱意会随着岁月增长而流失，却发现这爱意只在心上，时不时会闪现出来，让自己伤悲。而心爱的女人呢？青春的容颜也消失了，岁月使得她也变得苍老了。两人的遭遇都如此惨淡，或许会有人说你们这是何苦呢？有爱意却没想办法在一起，白白辜负了大好时光，少年时分开，到了老年却带着悲苦的心情重逢了。

这是好事还是坏事呢？白居易和湘灵互相凝望，千言万语，不知道从何说起。当年的翩翩少年和窈窕淑女，如今都已人到中年。青春不再，夕阳却在招手，白居易和湘灵，又该何去何从呢？

此时，白居易父母都已经故去，他完全有能力自己做主了。即使他真的要把湘灵娶回家，也不存在什么障碍。但是，白居易是一个爱惜羽毛的人，儒家思想已经深入骨髓，杨氏在白家，并没有什么过错，夫妻两人的感情也没有出现波折，更可贵的是，就算白居易倒霉，杨氏也没有什么抱怨，而是嫁鸡随鸡，为白居易生养孩子，传宗接代。正因为如此，白居易没有任何理由去接纳湘灵。

而湘灵呢？似乎也没有要嫁给白居易的愿望了。当年青春年少、你侬我侬时，都没能在一起，如今，白居易已经为人夫、为人父，又何苦让他为难呢？还不如保留一丝情愫，留一个念想，也不枉此生了。

就这样，两人再一次分离，各自朝着自己的归宿而去。他们都知道，这一次分别，将不会再见，遗憾，将会是永远。人生不可能重来，情愫也无法再续，这就是牵扯两人的命运，如果注定是悲剧，那也只能承受了。

再见了，情人！这就是白居易和湘灵两人心里的呼唤。他们在年轻时都有一个共结连理的美好梦想，那就继续让它成为梦吧，春梦会伴随他们的一生！

白居易到了江州，心依然在湘灵身上。江州地方多雨，被子等衣物很容易潮湿，每隔一段时间，白居易都要把被子等物，搬到院子里晒。一次，他偶然在晾晒衣物时，发现了当年湘灵赠送给他的鞋子。这双连带着青春记忆和幸福的鞋子，陪着他从符离到长安，又伴随着他来到江州。千万里相随，物还在，人事已经变换，当年那个含情脉脉送自己信物的人，如今又在哪里？白居易百感交集，不能自已。

中庭晒服玩，忽见故乡履。

昔赠我者谁，东邻婵娟子。

因思赠时语，特用结终始。

永愿如履綦，双行复双止。

自吾谪江郡，漂荡三千里。

为感长情人，提携同到此。

今朝一惆怅，反覆看未已。

人只履犹双，何曾得相似。

可嗟复可惜，锦表绣为里。

况经梅雨来，色黯花草死。

——白居易《感情》

梅雨季节，本来就恼人，但一看到旧日情人送自己的信物，一下子就让白居易的思绪回到了从前。当年的青春少年，对爱情充满了憧憬，少女送鞋时对白居易的叮咛，依然在他的耳边回响，那是愿永结同心不分离的誓言，至今想起来，还是让人激动。现在，他因为被贬来到了江州，缥缥缈缈已经走过了三千里的路程，沿途不知丢失了多少物件，却没想到这少年时的信物还依然伴随在身边。这或许就是天意吧！今天看到它，不由得掀起了感情的波澜，只怕又会是一夜无眠。当前，人形单影只，而鞋却还是配对成双，可见人不如物，多么希望人能和这双鞋一样，配对成双呀。

白居易在五十二岁的时候，又被任命为杭州刺史，上任途中，白居易特地绕道去符离，希望能在晚年再见湘灵一面。但是，人去楼空，湘灵一家早就搬离了符离，不知去向。

人生如白驹过隙，转瞬即逝。当年的翩翩少年，如今已经老矣，但心中的情火依然在燃烧。回首往事，白居易恍然觉得真如同大梦一场。

白居易的诗歌，都以通俗易懂为特性，但他在晚年却写过一首及其朦胧的情诗，让人百思不得其解：

> 花非花，雾非雾，
> 夜半来，天明去。
> 来如春梦几多时？
> 去似朝云无觅处。

——白居易《花非花》

一直以来，这首诗都被认为是与白居易滥情有关，也有人说这是白居易晚年信佛的最有力的证据。其实，回看白居易和湘灵之间如梦如幻的感情经历，这首诗不正是白居易写给湘灵的吗？

年轻时在符离，正是青春荡漾的年纪，那时，世界很小，心很大，少男少女心里所想只是永远在一起，什么门第、家世，统统不是障碍，只愿意浓情之火，永远不熄灭。于是，白居易和湘灵冲破了礼教障碍，有了肌肤之亲。那一刻，夜深人静，繁星满天，白居易和湘灵曲尽欢愉，尽意缠绵。欢乐过后，才依依不舍地分离，细想起来，还真如春梦一场。

晚年的白居易，回想着他的一生，不留念科举中第，也不慕想仕途悠游，所有的宠辱都已经不再留念，却唯有相思难忘：

身与心俱病，容将力共衰。

老来多健忘，唯不忘相思。

——白居易《偶作寄朗之》（节选）

即将和这个世界告别了，只有什么让白居易割舍不下呢？那就是与湘灵之间的感情。人老了，对往日的眷念日益增多，但无论什么都无法冲淡白居易对湘灵的情思。一方面，这是年轻时的真情，他也在湘灵身上耗尽了自己的真爱；另一方面，他也对湘灵怀着深深的歉意。正是因为他一时的软弱，才没能和湘灵走到一起，也令一个弱女子抱憾终身。现在，人生即将走向终点，而这一番苦情，也将伴随他走向远方。

第三节 《长恨歌》传奇

　　在盩厔的岁月里，作为一名小官，总要操心一些向农户收税的琐事，这不符合白居易的性格，但职责所在，白居易也难以推脱。好在这里有众多的名人隐士，公事完毕，白居易总会到仙游寺和他们相会，饮酒赋诗，总算能摆脱官职带来的负罪感。

　　这天，白居易处理完了公事，归途中已是炊烟袅袅。夕阳下，一泓秋水中，只留下残败的荷叶，经霜的水蓼花倒是红得夺目，但在一派肃杀的秋天气氛里，这种艳红却并不引人注目。

　　白居易在盩厔的这些日子里，接触了社会底层，他已经明显地感到了大唐的根基不稳，民众对朝政不满已经明显表露出来，这种不满就如同已经被唤醒的火山，迟早有一天会迸发出来。可悲的是朝廷上下竟然毫无察觉，依然在醉生梦死。

路过仙游寺，白居易想到在这里的那些隐士朋友，索性下马，往仙游寺内走去。多日来的忙碌，让他少了和这些隐士聚会的欢乐，今天，就不回去了，和他们好好畅谈一下，也不辜负了眼前的秋色。

　　隐居在鳌屋的隐士们，对大唐当下的形势看得非常透彻，也正是因为看得太透，他们才更加忧心忡忡。毕竟，大唐才从安史之乱的混乱中走出来，无论如何再也经不起一场战乱了。但眼前的危险却日益临近，如果再没有人发声，让朝廷重视，或许，亡国之祸，就在眼前了。

　　当白居易走进仙游寺时，住持赶忙迎上来，对他说，他的那些朋友王质夫、陈鸿等人已经在屋里了。

　　"在干什么呢？"白居易问道。

　　"文人墨客在一起，自然是谈论兴亡得失了。"住持笑着说。

　　白居易点点头，让住持不要惊动他们，自己则轻手轻脚地走了进去。屋内，王质夫的声音依然高亢："南平郡王高崇文这一次平叛有功，按照大唐律法和对反叛者的处置经验看，那些反叛的参与者应该是死路一条了。"

　　"应该不会。"陈鸿说，"这个高崇文虽然是武将，但听乐天说过，他很重视文人，有惜才之心。前两天看朝廷邸报，说他已经请求免除一些被卷进叛乱的文人的死罪了。这种菩萨心，真是难得。还听说他也是一个立志为国扫清污垢的人，多次上表朝廷，希望朝廷把他派到能发挥他能力的地方去做官。"

"听说这个高崇文的祖上是渤海人。"王质夫说，"又是一个异族之人在大唐建功立业，这不是什么好事情。虽然他有勇力，但毕竟不通文字，又生于蛮荒之地，不知其心性到底如何。这些武夫，没有受过圣人教诲，只怕一旦羽翼丰满，又会成为下一个安禄山了。我觉得还不如让他在繁华之地待着，以奢靡怠慢其心，省得以后惹出大乱子来。"

陈鸿见王质夫说到安禄山，就顺着他的话说："惹出这么大的乱子明皇帝固然不无失察之过，但关键在于安禄山，他是胡人。"

王质夫不同意陈鸿的观点："老兄此言差矣。如果君王德政充溢，就算是胡人又如何？贞观年间，我大唐有多少胡人将领？不一样建功立业吗？就是平定安史之乱的大功臣李光弼，不也是胡人吗？我看问题都出在君王身上，要不是明皇帝娇宠安禄山，他又能有什么作为？"

"你不要忘了，明皇帝可是位励精图治的英明之主呀。"陈鸿说，"明皇帝开创的开元盛世，那是何等辉煌？只是他晚年沉迷酒色，宠幸杨贵妃，不理朝政，才让浑蛋杨国忠专权，让安禄山钻了空子。现在想来，这杨贵妃还真是红颜祸水，就像古代的褒姒、妲己，幸亏最后明皇帝明白了，赐死杨贵妃。所以，得到了杜甫的称赞'中自诛褒妲'，不然，明皇帝自贻笑后世不说，大唐只怕真的已经亡国了。"

王质夫说："不对，当时明皇帝是迫不得已才赐死杨贵妃的。谁都知道他内心的不情愿，明皇帝晚景凄凉，无时无刻不在想念贵妃，难道他不后悔吗？真的有另外的选择，他会赐死贵妃吗？所以，说他醒悟了，这不确切。"

两人在那里争论着，谁也说服不了谁。

一直在门口静听的白居易，此时也忍不住走了进来，笑着对争得面红耳赤的两人说："好了，听你们争论大半天，大概也饿了吧。赶紧吃饭是正经，这些过往的事情，谈了又有什么用？吃饭要紧。"

王质夫和陈鸿见白居易进来，忙招呼他坐下。不一会儿，住持端来了饭菜，几个人忙碌了一天，也感觉真饿了，立刻吃开了。

酒过三巡，几个人谈着谈着，话题又回到了唐玄宗和杨贵妃身上，王质夫对白居易说："你是官场中人，见识自然在我等之上，再加上你诗才高妙，艳遇又深，对明皇与杨贵妃这等旷世奇事，自然有不凡见解，难道不一展大才，将其写下来，以贻后人吗？"

白居易还没有说话，陈鸿抢先说："没错，乐天兄，这等奇事，不依靠你的生花妙笔，还依靠什么？来把这杯酒喝了，好好构思，可不要把你和湘灵的情事写上了。"

白居易沉吟了一会儿说："二位这是为难我了，想明皇和贵妃之事，已经有多少人写过了，哪里还轮得到我来写，只怕是班门弄斧，贻笑大方了。"

"何必长他人志气！"王质夫说，"别人不知你的才情，我们会不知道吗？乐天兄，不要推脱了，你就在这里，静心写你的诗，三天，三天后，我们就来看你写得如何。写不上来，我们可要好好罚你了。"

看着王质夫和陈鸿认真的神情，白居易也忍不住要牛刀小试一番，就点头答应了。

王质夫和陈鸿见白居易答应了，非常高兴，又把住持叫来，吩咐这几天任何人都不要打扰白居易，让他静心构思、写作。

王质夫和陈鸿离开后，白居易一人静静地站在天井中，默默地思考着，是呀，明皇帝和杨贵妃之间的情事天下皆知，而且也公认这是大唐由盛转衰的原因。但真的是杨贵妃惹的祸吗？自古红颜祸水，但一个弱女子，又如何有那么大的能量呢？把一切都怪罪到女人身上，公平吗？杨贵妃是一个喜欢享受的女人，这一点不假，但当时大唐的国力满足她的奢欲绰绰有余，而她身处深宫内院，根本就没有机会干涉朝政，而她也没有武则天那样的野心，大唐衰败，又和她有什么关系呢？以自己的眼光看，祸乱朝纲的是杨国忠，他虽然是杨贵妃的哥哥，但提拔和任用杨国忠当宰相的是明皇帝，与贵妃何干呢？至于杨家人鸡犬升天，哪朝哪代不是这样的现象呢？

白居易思索着，如果自己也像前人一样，把着眼点放在红颜祸水、祸乱朝纲上，虽然立意高，能得到士大夫的喝彩，但却了无新意，只不过在同样的题材里，多了一篇比高低的作品而已。这不是白居易的期望。

从哪里入手呢？白居易思索良久，女色误国是不可取的，那就注重于情吧。唐明皇不是一般的皇帝，他有过励精图治的开拓进取，大唐的极盛就是他开创的，这样的皇帝有资格得到赞颂。赞颂他哪一方面呢？自然就是他对杨贵妃的情了。虽然皇帝在感情方面不值得效仿，但他对于杨贵妃超乎寻常的爱恋，也足够为人间留下传奇了。想到这里，白居易对自己要写的诗作有了立意。

"汉皇重色思倾国，御宇多年求不得。"贵为天下之主的明皇帝喜欢美艳的女子，这不是什么稀罕事，皇帝后宫佳丽如云，但却没有一个能打动明皇帝的心。大唐盛世，能实现的，在他手里都实现了，在老年到来之际，明皇帝对于国事不那么上心了，希望享受温柔乡里的幸福。于是，就开始遍寻天下美女。

"杨家有女初长成，养在深闺人未识。天生丽质难自弃，一朝选在君王侧。回眸一笑百媚生，六宫粉黛无颜色。"谁都知道杨贵妃是唐明皇的儿子的妻子，父纳子妃是有违儒家信条的，明皇帝和杨贵妃的人生之路，在那一刻产生了交集，在老皇帝心中，爱的火焰喷发了，没一刻停息。得不到杨贵妃，富有天下又如何？虽然这是一段让人诟病的感情，但这不是白居易关注的焦点。他所看重的是情，他想探寻的是唐明皇贵为天子，但最终却依然无法让自己的感情有一个让人钦慕的归宿。所以，白居易巧妙地进行了转折，杨家女子的天生丽质，让唐明皇一见倾心，一旦把她选在了身边，就不再对其他女子另眼相顾了。

"春寒赐浴华清池，温泉水滑洗凝脂。侍儿扶起娇无力，始是新承恩泽时。云鬓花颜金步摇，芙蓉帐暖度春宵。春宵苦短日高起，从此君王不早朝。承欢侍宴无闲暇，春从春游夜专夜。后宫佳丽三千人，三千宠爱在一身。金屋妆成娇侍夜，玉楼宴罢醉和春。姊妹弟兄皆列土，可怜光彩生门户。遂令天下父母心，不重生男重生女。骊宫高处入青云，仙乐风飘处处闻。缓歌慢舞凝丝竹，尽日君王看不足。"

唐明皇把杨贵妃视作自己晚年最大的幸福所在，对她的宠幸也是无以复加的。唐宫奢华，似乎就是专门为她而设置的。云鬓花颜是贵妃的精神，芙蓉帐暖是明皇的乐园，春宵苦短，欢愉情浓，这一刻，就是两人的世界。承欢侍宴，春从春游，君王的恩宠在这一刻集于一身，让杨贵妃这样一个富贵女子，也感觉承受不起。金屋玉楼的富贵至极，姊妹弟兄安享荣华富贵，这一切都是因为明皇宠爱而得来的。人世间的富贵已经到了极致，又岂止是后宫三千佳丽所得的宠爱叠加所能比之？骊山的华清宫，虽然高耸入云，但从里面飘来的仙乐，依然动人；配合着管弦之乐，贵妃翩翩起舞，惹得皇帝如痴如醉，整日整夜都看不够。或许，这就是他们最为满意的安乐窝，他们愿意在此长相厮守，永不分离。

"渔阳鼙鼓动地来，惊破霓裳羽衣曲。"突然间，渔阳叛乱的战鼓铺天盖地地传来，仙宫里美妙的《霓裳羽衣曲》

被打断了，即使是君王，也承受不住如此巨大的变化，最美妙的日子，在惊天动地的战鼓声中结束了。可以想象，杨玉环这样一个只想着在皇帝羽翼上快乐享受生活的女子，此时是多么惊慌害怕，殊不知，更可怕的日子还在后面。

"九重城阙烟尘生，千乘万骑西南行。翠华摇摇行复止，西出都门百余里。"繁华的京城此时已经不是人间仙境，到处都是逃难的身影。贵妃和皇帝在成千上万的车辆和马匹的护卫下，开始向西南地区逃窜。或许，只有那里才是不会被叛贼光顾的乐土，在那里，两个相爱的人还能厮守在一起，继续过着快乐的日子。只是西南地区太过遥远，逃难的队伍又是如此拥挤，离开京城两天了，竟然才走了一百多里。

"六军不发无奈何，宛转蛾眉马前死。花钿委地无人收，翠翘金雀玉搔头。君王掩面救不得，回看血泪相和流。"虽然叛军就要追来，情况危险万分，但护驾的六军不愿意继续前行，原因是什么？因为大家把这一切都归咎于杨贵妃，一致要求铲除这个祸根。面对着众人激昂的面孔，贵为皇帝，也无可奈何。于是，在凄凄惨惨之中，杨贵妃在皇帝面前凄惨地死去。曾经装饰美人的花钿散落在地上，其中有珍贵的翠翘、金雀、玉搔头，可想而知，在众人的威逼之下，杨贵妃凄惨离世，纵使她有花容月貌，此时让人见了，也只能心痛摇头。一代君王，纵然他年轻时气吞万里，此时也只能掩面痛哭了。回头眷顾贵妃死去的地方，禁不住血泪横流。人世间最大的悲剧就在于此，看见心爱的人死去，身在咫尺，却无法相救，生离死别就在一瞬间，怎不让人痛断肠！

"黄埃散漫风萧索，云栈萦纡登剑阁。峨嵋山下少人行，旌旗无光日色薄。蜀江水碧蜀山青，圣主朝朝暮暮情。"秋风卷起黄沙，明皇在悲凉的秋意中走过盘旋曲折的栈道，抵达剑阁。从春到秋，时光不长，却演绎了巨大的悲剧，曾经富有四海、权势熏天的天子，一下子就失去了自己最爱的女人，成为孤家寡人。峨眉山本是一座仙山，但现在却看不到什么行人，以往壮大天子行色的旌旗，此时也失去了色彩，太阳看上去也没有了往日的光泽。蜀山和蜀水依然青翠碧绿，丝毫不理解圣主此时悲伤的心情。虽然走了千里路，他依然没有割舍掉对贵妃的思念之情。

"行宫见月伤心色，夜雨闻铃肠断声。"在行宫里，虽然安置下来了，不再需要长途跋涉，但心情依然不能平复，哪怕见到明月，也依然是一片伤心之色。空山夜雨里，听到铃铎乱响，声声催断人肠。明皇想到往昔他们两人恩爱的情景，再看看孤月下的自己，越发伤感不已。

"天旋地转回龙驭，到此踌躇不能去。马嵬坡下泥土中，不见玉颜空死处。君臣相顾尽沾衣，东望都门信马归。"好容易等到战乱平息，明皇重回长安，经过贵妃被赐死的马嵬坡，忍不住徘徊留恋，不忍心再往前走。马嵬坡下，埋葬贵妃的尸身的地方，只剩下荒凉的泥土，却找不到贵妃的尸体。离开长安的时候，车载两人，但现在，只剩下自己了，想再见贵妃一面，真是难于上青天了。君臣相看，除了流泪之外，什么都说不出。只好放松马缰，让它朝着东方都城所在地前行。都城恢复，对于天子来说，本应该是一件喜事，但因为没有了贵妃陪伴，繁华的京城已经失去了吸引力。

"归来池苑皆依旧，太液芙蓉未央柳。芙蓉如面柳如眉，对此如何不泪垂。春风桃李花开日，秋雨梧桐叶落时。"终于回到了都城，这里的一切都和原来一样，太液池的荷花，未央宫里的杨柳，依然是那样妩媚动人。那荷花就是贵妃的面容，那柳叶就像她的双眉，面对此景，如何让人不感伤落泪。物虽在，人已亡。熬过了春风吹拂，桃李盛开的日子，却怎么也熬不过秋风秋雨吹打落叶的悲寂时刻。

"西宫南内多秋草，落叶满阶红不扫。梨园弟子白发新，椒房阿监青娥老。"西宫南内到处都是枯黄的野草，台阶上堆满了飘落下来的红叶，无人清扫。明皇天子今不如昔，生活了无情趣，即使身处皇宫内，也感受不到生活的欢愉，此情此景，只让他更加思念贵妃。岁月在流失，当年在宫殿内唱戏的梨园弟子都已经不再年轻了，头上的青丝已经被悄然爬上来的白发代替，以前专门在椒房里伺候贵妃的太监和宫娥也都年老了。

"夕殿萤飞思悄然，孤灯挑尽未成眠。迟迟钟鼓初长夜，耿耿星河欲曙天。鸳鸯瓦冷霜华重，翡翠衾寒谁与共。"以前，和贵妃在一起的夜晚，夜夜都是春宵，那时，唯恐天明。而现在呢？夜晚是最难熬的，宫殿里萤火虫在飞舞，更显得宁静。明皇帝坐在孤灯旁，独守到天明也没有睡意。孤苦一人，总觉得长夜漫漫，迟迟听不到黎明的钟鼓敲响，抬头仰望星空，星星在逐渐退去，星光消失，总算又迎来了新的一天。走出宫殿，看看上面的鸳鸯瓦，因为夜晚的寒气，已经结了一层冰冷的寒霜，再看看床上华丽的翡翠被子，冰凉冷清，以后又能与谁一起享用呢？新的一天，意味着又是新的情思折磨的开始。

"悠悠生死别经年，魂魄不曾来入梦。临邛道士鸿都客，能以精诚致魂魄。为感君王展转思，遂教方士殷勤觅。排空驭气奔如电，升天入地求之遍。上穷碧落下黄泉，两处茫茫皆不见。"就这样，在孤寂的岁月里，度过了一天又一天，几年过去了，贵妃的魂魄也不曾来与明皇梦里相会，这是多么的凄凉呀。这时，好消息传来，在长安城有一位临邛道士，本领非凡，能用至诚把魂魄招来与人相会。于是明皇帝就命道士四处去寻找，希望能把贵妃招来与自己相会。道士腾云驾雾，找遍了每个角落，但无论是上天还是入地，都没有找到一点儿杨贵妃的踪迹。

"忽闻海上有仙山，山在虚无缥缈间。楼阁玲珑五云起，其中绰约多仙子。中有一人字太真，雪肤花貌参差是。"就在大家失望至极的时候，突然听说在遥远的大海上有一座仙山，山就在虚无缥缈的云雾之间。玲珑楼阁上，五彩祥云弥漫在楼阁间，在楼阁里，有很多风姿绰约的仙女。其中有一位仙女的名字叫太真，雪白的肌肤和花一样的容貌就和杨贵妃一模一样。

"金阙西厢叩玉扃，转教小玉报双成。闻道汉家天子使，九华帐里梦魂惊。揽衣推枕起徘徊，珠箔银屏迤逦开。云髻半偏新睡觉，花冠不整下堂来。"轻轻叩响金色楼阁西厢房的玉门，请小玉和双成赶快去向那位仙女报知有人求见。听说天子明皇帝派来了使者，九华帐里的她猛然惊醒。穿上衣服，推开睡觉的枕头，走出帐来，激动地在原地徘徊，一路之上把珠箔和银屏依次打开。她发髻半偏，是睡觉刚刚醒来的样子，甚至连头上的花冠都来不及扶正，就急急忙忙下堂来见使者。

"风吹仙袂飘飘举，犹似霓裳羽衣舞。玉容寂寞泪阑干，梨花一枝春带雨。含情凝睇谢君王，一别音容两渺茫。"清风吹着她的衣裙，飘飘然就如同当年在宫殿为明皇帝表演霓裳舞曲。居住在这神仙之地，杨贵妃同样感到寂寞，常常因为思念明皇帝而流泪，仿佛就像一枝被春雨打湿的梨花。听使者说明皇思念自己，杨贵妃含情凝目，再三请使者向君王表示感谢，自从分别后，空有相思却不能相见了。

"昭阳殿里恩爱绝，蓬莱宫中日月长。回头下望人寰处，不见长安见尘雾。"曾经在昭阳殿里的恩爱已经断绝了，我在蓬莱宫中一个人生活，也觉得无聊，岁月难挨。回头向人间处望去，只能看见满地的尘土，却看不到昔日居住的长安城。

"惟将旧物表深情，钿合金钗寄将去。钗留一股合一扇，钗擘黄金合分钿。但教心似金钿坚，天上人间会相见。"我现在在这里只能拿着当年明皇赐给我的旧物，略表深情。就请到时把钿盒与金钗拿回去带给明皇，钗被掰成两股，钿盒被劈成两半，我们各留一半在手，只要我们彼此的心如同金钿一样坚贞，那么，即使我们相隔天上人间这般遥远，也总有一天会见面重逢的。

"临别殷勤重寄词，词中有誓两心知。七月七日长生殿，夜半无人私语时。在天愿作比翼鸟，在地愿为连理枝。天长地久有时尽，此恨绵绵无绝期。"和道士临分别时，又反复托道士要带给明皇帝几句话，里面有当时和明皇帝一起许下的爱的誓言，这是只有两人才知道的秘密。还记得当年七月七日在长生殿里，当夜深人静时，我们两人默默许下誓言，在天上愿作比翼双飞的比翼鸟，在地上愿作相依相伴的连理枝。虽然天长地久会有穷尽时，但这生离死别的遗憾，却永远没有了结的时候。

白居易写完搁笔，自己也陷入了深深的哀痛之中。对于帝王的霸业，白居易已经了无兴趣，这些年自己所经历和看到的，已经让他失望。如今，要写成这样一首长篇诗歌，他所想表达的只是一段真挚、深情的人间挚爱。

唐明皇和杨贵妃之间，无疑是具有真挚的爱的，但在大乱之前，即使拥有帝王至尊，要想维护自己的真爱也不可得。即使拥有万千宠爱在一身，最后也只能是一场空，以悲剧收场。

生前风光无限，但最后的结局只能让人同情，却无法让人羡慕。丝管仙乐环绕的骊山，曾经容纳了唐明皇和杨贵妃的奢靡，但在刀剑威逼之下，想过普通老百姓般的生活也不可能了。这样的爱情，终究只是昙花一现，不能持久。如果当初唐明皇能英明一点儿，对胡人安禄山有提防之心，那他最后的结局会美满得多。

白居易思绪起伏，久久不能平静。

到了约定的日子，王质夫和陈鸿如期来拜访，当他们看见长桌上的《长恨歌》时，都有些欣喜，白居易果然具有高妙诗才，如期交卷了。等到他们看完《长恨歌》全篇时，不由得连连惊叹："妙文好诗！真能流传千古了！"

由此，《长恨歌》一出，白居易大名远扬，而《长恨歌》也一时洛阳纸贵，世人争相传诵。

《长恨歌》的主题到底是什么？白居易没有与人言明。但在他的心里，本意就是歌颂人世间的爱情，爱情是平等的，普通百姓有，帝王也有。白居易写《长恨歌》，用哀愁的笔调，写出了帝王心灵深处的遗憾和寂寞。

白居易不是一个追求奢华生活的人，所以，从《长恨歌》当中，可以深悟到一个主题，那就是帝王有权力得到他所想要的一切，但如何长久拥有，却不一定是权力所能达到的。如果帝王不检点自己的施政得失，到头来，也难以保住自己的幸福。

第四节　最是柔情压不住

白居易的《长恨歌》让他的大名响彻大唐诗坛，而他所关注的重点，不是歌颂帝王治理江山的豪情，却同情帝王爱情失落时的遗憾和悲哀，显而易见，他更看重的是人间至情，这也为大唐诗坛书写与帝王有关的内容，开辟了新的方向。《长恨歌》不仅讲述了一个悲惨的爱情故事，也宣告了一个极盛的大唐时代一去不复返，其浓郁的悲剧色彩，哀感顽艳的感情基调成为白居易诗歌里抹不去的标签。

在白居易眼里，哪怕帝王都以薄情著名，但他依然选择无视，而是把笔触放在这些帝王曾经拥有的、到最后却不得不失去的情感上面，寄予自己深切的同情。不仅是唐玄宗，历史上以雄武著名的汉武帝，也因为重情，被他所看重。

汉武帝也是一位雄才大略的皇帝，其文治武功是历代帝王的标杆。而他在晚年，也爱上了一位女人，同唐明皇一样，他的爱情经历，也留下了深深的遗憾。而对这种遗憾有着最深切表达的，就是白居易的诗：

汉武帝，初丧李夫人。夫人病时不肯别，死后留得生前恩。君恩不尽念未已，甘泉殿里令写真。丹青画出竟何益，不言不笑愁杀人。又令方士合灵药，玉釜煎炼金炉焚。九华帐深夜悄悄，反魂香降夫人魂。夫人之魂在何许，香烟引到焚香处。既来何苦不须史，缥缈悠扬还灭去。去何速兮来何迟，是耶非耶两不知。翠蛾仿佛平生貌，不似昭阳寝疾时。魂之不来君心苦，魂之来兮君亦悲。背灯隔帐不得语，安用暂来还见违。伤心不独汉武帝，自古及今皆若斯。君不见穆王三日哭，重璧台下伤盛姬。又不见泰陵一掬泪，马嵬坡下念杨妃。纵令妍姿艳质化为土，此恨长在无销期。生亦惑，死亦惑，尤物惑人忘不得。人非木石皆有情，不如不遇倾城色。

——白居易《李夫人》

在文人士大夫的心里，对于汉武帝是崇拜的，但如此一位杀伐决断的帝王，面对自己深爱的女人，也难以割舍。

汉武帝是英名的帝王，所以，在用人方面，不会容忍庸才，但仅仅因为深爱李夫人，却重用了她那无用的哥哥。这份情，不可不深。李夫人的容貌自不必说，倾国倾城的容颜，自然只有伟岸的帝王才能般配，想必，汉武帝也在心里希望能和李夫人一起终老。但天不遂人愿，这一场难得的恩爱也无法走到终点，李夫人得了重病，不久于人世。

李夫人也知道自己的病无药可救了，而疾病也摧毁了她绝世的容颜，为了让自己最美好的一面能长留在君王心里，李夫人在病中，一直拒绝见汉武帝，而汉武帝却急切地想看到自己心爱的女人，不止一次走到李夫人的病榻前，想看看她。但是，李夫人却用手遮挡住自己的脸，一再恳求汉武帝离开自己。

就这样，一直到死，汉武帝也没能再见到李夫人。失去了心爱的女人，汉武帝为此茶饭不思，睡不安宁。他唯一的愿望就是能再见到李夫人。

汉武帝的这个心愿，被一些方士知道了。于是，他们就对汉武帝说，他们有办法让李夫人的魂魄来和汉武帝相会。这和后来的唐玄宗，想再见杨贵妃的心思是一样的。汉武帝听说后，非常高兴，让这些方士在宫里做法事。虽然阵容庞大，花费不菲，但最终汉武帝见到的也只是一个隐隐约约的影子而已。

汉武帝的心愿难以得到满足，但对于李夫人而言，得到如此宠爱，也算是幸运。人世间的感情，就是如此残酷，无论对于汉武帝还是李夫人来说，既然要经历这残酷的生离死别，当初为何要相遇？如果没有相遇，一生虽然平淡，但至少不会受到如此断肠般的折磨。

作为一个局外人，白居易看到了众多的帝王与绝美佳人之间的悲欢离合的故事，他看见的不是值得羡慕的美好，而是痛彻心扉的生离死别。白居易深深地知道，对于一个能拥有一切的帝王来说，拥有一份值得永存的感情，是多么的难能可贵。在感情面前，帝王也是普通人，失去了最爱的女人，帝王也会悲哀，也会感到孤独，虽然他有心追随心爱的女人而去，但作为帝王，这样的选择又是不可能的。因此，帝王只有在长夜中忍受孤独，只有独自一个人做着一个不可能实现的梦。

白居易对于帝王的宫廷生活并不欣赏，但他却欣赏至情至性的真男子。无论是唐明皇还是汉武帝，他们都在当皇帝期间，创造了丰功伟业，但白居易并没有用一句诗歌去赞颂他们的功业，相反，对他们不幸的感情生活，给予了深切的同情。

与帝王相比，白居易更为同情那些生活在底层的人，尤其是帝王身边的宫女。一入宫门深似海，宫女在帝王后妃活着的时候，要伺候他们，因为离开了自己的家人，没有多少欢乐可言；而在帝王后妃死去后，依然不能得到解脱，即使不被野蛮地殉葬，也会被关闭在宫室当中，成为活死人。

皇室的这种制度，已经存在了千年，这种毫无人性的制度，虽然一直受到批判，但却没有被皇室所放弃。在皇室人员看来，自己的生命要宝贵得多，即使死了，也需要人来伺候。

白居易痛恨这种制度，但他又无能为力，只要皇权存在，这种悲惨的事就不会停止，白居易所能做的，只有用他的高妙诗才，对这些苦命人表示深切的同情。

陵园妾，颜色如花命如叶。命如叶薄将奈何，一奉寝宫年月多。年月多，时光换，春愁秋思知何限。青丝发落丛鬓疏，红玉肤销系裙慢。忆昔宫中被妒猜，因谗得罪配陵来。老母啼呼趁车别，中官监送锁门回。山宫一闭无开日，未死此身不令出。松门到晓月裴回，柏城尽日风萧瑟。松门柏城幽闭深，闻蝉听燕感光阴。眼看菊蕊重阳泪，手把梨花寒食心。把花掩泪无人见，绿芜墙绕青苔院。四季徒支妆粉钱，三朝不识君王面。遥想六宫奉至尊，宣徽雪夜浴堂春。雨露之恩不及者，犹闻不啻三千人。三千人，我尔君恩何厚薄。愿令轮转直陵园，三岁一来均苦乐。

——白居易《陵园妾》

为皇家守灵的宫女们不知是谁家不幸的女儿们，她们有着青春美貌的年华，但却有着悲惨的命运，美丽的容貌没有带给她们幸运，却把她们推入了无边的苦海。人世间还有什么遭遇比这更不幸呢？

时光流逝，岁月近年，这些宫女们已经忘记了在宫中度过的岁月，春愁秋思中，辜负了年华，还不知道这样的日子何时是个头。

在这暗无天日的地方，这些宫女们只有和寂寞为伴，身体也日渐消瘦。这些宫女都是当年被奸人所嫉妒，或者是因为被人陷害而被发配到这里来守陵的。当她们哭喊着被押上车，而她们的母亲扶着车与她们凄惨分别时，那情景简直让人不忍目睹，当押送她们的官员锁上陵墓墓室的大门离去后，就意味着她们与人世间隔离开了。宫室的门一旦被锁上，就不会有再开的日子，只要还活着，就会永远地留在这里。陵墓那地方，满是松树和柏树，月光照在松树上，非常瘆人，而风吹过柏树，更让人觉得寒冷。松柏围成的黑暗城门紧闭着，只有那偶尔飞过的鸟的叫声，才让这里显得有些生气，但这生气却是那样冰冷。看着菊花的花蕊，心里沉重到了极点，只能伤心落泪；而拈着一朵洁白的梨花，却只能感到心在变得冰凉。拈花掩面哭泣，却怕被人看见，陵园里的青石板上布满了青苔，显示不出半点生气，就是一个活死人的世界。

虽然一年四季有官府发给的脂粉钱，但在这里，打扮起来，又能给谁看？毕竟，这里只躺着一位已经死去的皇帝。百姓们不知道皇宫内的真实生活，还以为在皇宫里是享福。其实，能得到帝王宠幸的女人，能有几个呢？失宠或者从来就不曾得到君王眷顾的宫人何止三千人呀。真希望这些无宠的宫人不妨轮流来这里守陵，共同分担这份凄苦无助。

帝王、贵妃、宫娥，虽然一样有过让人羡慕的光彩，但当悲哀降临时，所有的人都无能为力，都只能在残酷的现实前，洒下一把无可奈何的辛酸泪。

白居易对于无助的人的深切同情，全都凝聚在他的诗歌里。只是诗人无力撼动这残酷的现实，只能把自己的浩叹荡漾在星空里了。而正是这种浩叹，成了白居易诗歌的标签。

第五章

诗王的讽喻诗

第一节　走进官场死胡同

白居易结束了在盩厔的地方官生涯后，被调回了长安，这一次直接升任为翰林学士，不久又被任命为左拾遗，从地方小官变成了中央政府的高官，成为能在皇帝面前说得上话的人。这样的变化，对于一个从小就怀有济世救民理想的人来说，并不是一件值得骄傲的事情。毕竟，左拾遗这个官，在中央政府的官员排序中，只是一个六品官，而职责却很重，可以对朝廷大事小情发表意见，至于有没有人听，就是另外一回事了。

白居易是一个熟读史书和典籍的儒生，对于历朝历代担任这种提意见官员的下场再清楚不过了。但白居易依然认为自己被朝廷委任这个官职，是一种信任，自己有责任把它干好。于是，他在上任之初，就写了一首诗，表达了自己要在这个岗位上干出一番成绩来的志向。

奉诏登左掖，束带参朝议。

何言初命卑，且脱风尘吏。

杜甫陈子昂，才名括天地。

当时非不遇，尚无过斯位。

况余蹇薄者，宠至不自意。

惊近白日光，惭非青云器。

天子方从谏，朝廷无忌讳。

岂不思匪躬，适遇时无事。

受命已旬月，饱食随班次。

谏纸忽盈箱，对之终自愧。

——白居易《初授拾遗》

  白居易感慨自己以前是一名微不足道的地方小官，现在，接受朝廷任命担任拾遗之职，有资格穿上代表官员身份和品级的朝服，参加朝廷议事，对许多人而言，这是一件荣耀的事。他感叹自己的命运有了转机，从前命运卑微，今后将摆脱碌碌小吏的身份。想想像杜甫和陈子昂这样的显赫人物，他们的才名传遍了天地之间，而且当年他们所处的时代，正是明君在位，但他们在仕途上也没超过自己的这个职位。

  细细比较，自己不过是个驽钝浅薄的人，但却能意外地得到这个恩宠，简直是出乎意料。自己投身官场的理想就是希望能帮助皇上，励精图治，扭转大唐的颓势，重现大唐的辉煌，现在，白居易终于能够接近皇上了，很惭愧自己却不是栋梁之材，只怕不能担负起这个重任。

值得庆幸的是，如今开明的天子正努力纳谏，朝廷上的风气很好，可以畅所欲言不必忌讳。这样的机遇，还有什么能让身为言官的自己不忠心耿耿不顾自身吗？如今正逢太平时代，朝廷上下没有什么大事发生，想到自己接受任命已经有一个月了，每天只是按部就班上朝，可以说是无所事事。但猛然发觉书写的谏议堆满一箱，却没有呈现给朝廷，面对它们，真是心里始终有愧呀。

白居易这种自责的心理，源于自小就受到的良好的儒家素养，他不愿意尸位素餐，所以，很快就投入工作当中。在向宪宗皇帝上的奏表当中，白居易就表示自己自任职以来，没有做出什么贡献，所以寝食难安。为了报答皇帝的信任，只有粉身碎骨才安心。白居易的表忠心，让宪宗皇帝很欣赏，一再对他提出嘉奖。这让白居易产生了一个错觉，以为宪宗皇帝真的希望他努力工作，帮助朝廷减少失误。

但很快白居易就发现自己太天真了，宪宗皇帝提拔自己当左拾遗，不是让自己给他提意见，而是来装饰门面的。毕竟，当朝响当当的大诗人当左拾遗，起码可以安定一下人心，但白居易却把职责放在首位，真的去给宪宗提意见，就让宪宗有些生气了，想着白居易真不知好歹，自己把他从一个县尉提升到左拾遗和翰林学士的高位，他不但不心生感激，还处处提意见，真是讨厌。于是，宪宗皇帝就有了要把白居易赶走的念头。

就这样，在君臣离心时，白居易一如既往地发挥着自己的职责，终于在一件事情上，和宪宗皇帝发生了冲突。元和四年，发生了节度使王承宗叛乱，在任命讨伐叛军统帅这件事上，宪宗皇帝因为对大臣不放心，决定任命身边的宦官担任统帅。白居易得知后，当着宪宗皇帝的面，直言此事不妥。说了还不算，还接连写了几封奏章，反对这一任命。这下，把宪宗皇帝气坏了，拍着桌子对身边人说："这个白居易，我提拔他，他却如此无礼。"在气头上的宪宗皇帝恨不得马上就处置白居易。好在当时的宰相是支持白居易的，连忙为白居易讲情，算是暂时避免了这一灾难。

　　经历这一事件后，宪宗皇帝不愿意再让白居易在自己身边了，想着要把他赶走，但此时白居易诗名正盛，如果就此赶走他，皇帝担心自己落下不能容人的名声。然而留下他，又实在不愿意听他什么事都提意见。想来想去，决定先不理他，如果他还不知趣，再赶走他也不迟。

　　白居易不是傻子，宪宗皇帝如此对他，他心里也如明镜一般，知道自己这个京官是当到头了。如果再像以前那样直言不讳，只怕连命都保不住了。想到这里，白居易不免心灰意懒了。

　　仕途上进，本来就不在白居易的规划当中，现在又在皇帝心中失去了分量，白居易也就不再想着自己能再进一步了。政治上的失意，使得他开始把兴趣转移到诗歌艺术上。毕竟，仕途一时荣，文章万古长。现在的白居易已经有了"诗王"的美誉，他想着该如何不辜负自己的这个称呼。

第二节　摆脱固有格律的束缚

　　诗歌是大唐的名片，如今国势衰败，但大唐的诗人群体并没有走下坡路，并且对于诗歌如何发展，各个诗人都有不同的见解。文人相轻，谁都想在诗坛上引领风潮，留下自己的印记。而顶着"诗王"名号的白居易把自己创作的诗歌分为讽喻诗、闲适诗、感伤诗和杂律诗四种。在这四种诗歌题材中，白居易最看重的就是讽喻诗。

　　白居易不是轻浮无聊的文人，他有进士桂冠，有当官的资本和经历，他的讽喻诗自然是对着朝廷种种现象而创作的。诗歌是风雅之作，作为在大唐诗坛浸淫的诗人，白居易自然是赞同的。因为风雅作为诗歌的标签，可以在诗歌创作中窥知人情善恶和政教得失。由于比普通诗人更接近朝廷，所以白居易看得更透彻，因此，他的诗歌也更注重于讽刺，他创作的《新乐府》五十首，讽刺的篇章就达到了四十三首。

白居易还非常注重诗歌的内容，在他看来，诗歌创作的手法是次要的，内容应该排在第一。白居易推崇大唐盛世时的诗人李白、杜甫等人，而这些前辈诗人注重内容的主张，白居易深表赞同。甚至他还对此进行了发展，并最终达到了高峰。

　　但是，白居易当时的主张，并没有得到诗坛的承认，所以，他常有孤军奋战之感。但即使这样，白居易还是没有退缩，他表示："仆常痛诗道崩坏，忽忽愤发，或废食辍寝，不量才力，欲扶起之。"白居易时代，正是韩愈提倡复古时代，而白居易也认为诗坛创造的艺术手法应该复古，使得诗歌创作重新回到重视比兴、讽刺，关心国事民生，积极为政治服务的儒家诗道上面来。

　　在白居易眼里，此时的大唐朝廷已经病入膏肓，如果还一味玩歌舞升平，追求诗歌的辞藻华丽，那大唐真的就要坠入深渊了。"君耳维闻堂上言，君眼不见门前事，贪官害民无所忌，奸臣蔽君无所畏。"帝王足不出户，所能听到的只是朝堂上的一些假话，看见的只是眼前的歌舞升平，而贪官只要蒙蔽了帝王，就可以为所欲为了。在这样的情况下，如果写诗还是讲究辞藻华丽，不进行讽喻和警示，朝纲自然就不振了。

　　白居易面对当下的诗坛，发出了自己的呐喊："总而言之，为君、为臣、为民、为物、为事而作，不为文而作也。"那种寻章摘句的雕虫小技，不是白居易愿意做的。

大唐政局已经风雨飘摇，这是白居易最为痛心疾首的，要改变当前的这种状况，既要维护君主的权威和利益，也不能忘记民生。君民之间的关系要想得到有效沟通，诗歌就是最能利用的形式。毕竟，大唐有谁不懂诗呢？

　　诗歌要写什么内容？

　　白居易心中自有主张。文人雅士把诗歌创作当作一种高雅的艺术游戏，这不符合白居易的创作原则。"郊庙登歌赞君美，乐府艳辞悦君意。""夕郎所贺皆德音，春官每奏唯祥瑞。"这种言之无意的诗歌，有意义吗？都这样歌舞升平，那在鰲屋地方只能靠拾麦穗为生的农妇应该由谁来照顾呢？"民惟邦本，本固邦宁"，民生不顾，还会有大唐吗？所以，白居易主张写诗，首先就应该反映现实，应该"篇篇无空文，句句必尽规"，还要把现实的真实性和倾向性结合起来。白居易在长安多年，所见百姓悲苦之事数不胜数，但在他的《秦妇吟》诗歌中，也只描述了十件最悲苦的事，正是这种高超的取舍，才有流传千古的《秦妇吟》。

　　在一些正统文人的眼里，耕田劳作是下等人干的事，读书人有功名，两耳不闻窗外事，耕田的人劳作辛苦、没有饭吃，与我何干？风花雪月才是值得描绘的，帝王功业才是值得歌颂的，这才是诗歌的本意。于是，两种观点爆发了冲突。

　　白居易不喜欢用空洞华丽的辞藻来装点诗歌，他主张写诗就要写时事，写重大题材。

贾谊哭时事，阮籍哭路岐。

唐生今亦哭，异代同其悲。

唐生者何人，五十寒且饥。

不悲口无食，不悲身无衣。

所悲忠与义，悲甚则哭之。

太尉击贼日，尚书叱盗时。

大夫死凶寇，谏议谪蛮夷。

每见如此事，声发涕辄随。

往往闻其风，俗士犹或非。

怜君头半白，其志竟不衰。

我亦君之徒，郁郁何所为。

不能发声哭，转作乐府诗。

篇篇无空文，句句必尽规。

功高虞人箴，痛甚骚人辞。

非求宫律高，不务文字奇。

惟歌生民病，愿得天子知。

未得天子知，甘受时人嗤。

药良气味苦，琴澹音声稀。

不惧权豪怒，亦任亲朋讥。

人竟无奈何，呼作狂男儿。

每逢群盗息，或遇云雾披。

但自高声歌，庶几天听卑。

歌哭虽异名，所感则同归。

寄君三十章，与君为哭词。

——白居易《寄唐生》

看看那些高洁的古人的所作所为吧，他们不被一般的凡夫俗子所理解，所以很容易遭来非议，但他们的忠贞却永载史册。而现在，白居易创作《新乐府》诗歌，也不会去追逐诗歌那流行的华丽和浮漂，而是要如实地针砭时弊，为民众的疾苦而呼吁，这样才能达到讽喻的目的。

白居易开创的《新乐府》诗歌体裁，自然就会触动某些人的利益，随着白居易的诗歌不断流传开去，权贵们巧取豪夺的本性也不断被揭露，使得他成为权贵们的眼中钉。于是，白居易的创作方式被诋毁，受到讥笑，被看作"狂男儿"。但他却顾不了这许多，只希望有朝一日，大唐的藩镇之乱能够得到平定，天子不受蒙蔽的时候，皇帝能听到他笔下发出的呼声，从而改革弊政，实现他的政治理想。

正是基于这样的政治理想，白居易创作的乐府诗，追求语言质朴无华，直截了当，不在音节的新奇和辞藻的华丽上下功夫，就让那些人去欣赏艳辞和华美的诗歌吧，白居易只想让自己的诗歌达到通俗化、平易化，因为这样的诗歌才能"补察时政""泄导人情"，从而达到"救济人病、裨补时阙"的最终政治目的。

白居易的主张，不是空穴来风，杜甫在安史之乱后就写了大量的感伤时事、规讽现实的诗篇，但杜甫没有明确提出这种"为时为事"而作的主张，如今，白居易作为杜甫的继承人，不仅明确提出了这种主张，而且还运用到了诗歌创作的实践当中。

白居易的诗歌主张，是开创性的，强调内容而非形式，也让大唐的诗歌在繁荣了半个世纪后，跨上了一个新的高度。

第三节　诗是反抗的利器

在大唐，当一名诗人看起来不是什么难事，因为写诗在唐朝是一件很随意的事，但真正要写出名堂来，却不容易。站在诗坛的门槛上，白居易清楚地知道自己的诗歌应该往何处去，才不至于消失在大唐无边的诗歌海洋里，才会成为为数不多的诗歌标杆。

白居易最看重的就是讽喻诗，作为一名难以施展政治抱负的诗人，白居易深感百姓生活的艰难以及权贵的腐败，所以，绝不把自己的绝代才华注入歌功颂德当中去，而是要用讽喻把自己的忧乐表达出来，期望能唤醒大唐的统治者重视民生。

大唐走到白居易时代，已经是日落黄昏时了，但帝王依然以醉生梦死为乐事，全然忘记了祖宗创业的艰难。

七德舞，七德歌，传自武德至元和。

元和小臣白居易，观舞听歌知乐意，
乐终稽首陈其事。

太宗十八举义兵，白旄黄钺定两京。

擒充戮窦四海清，二十有四功业成。

二十有九即帝位，三十有五致太平。

功成理定何神速，速在推心置人腹。

亡卒遗骸散帛收，饥人卖子分金赎。

魏徵梦见子夜泣，张谨哀闻辰日哭。

怨女三千放出宫，死囚四百来归狱。

剪须烧药赐功臣，李勣呜咽思杀身。

含血吮创抚战士，思摩奋呼乞效死。

则知不独善战善乘时，以心感人人心归。

尔来一百九十载，天下至今歌舞之。

歌七德，舞七德，圣人有作垂无极。

岂徒耀神武，岂徒夸圣文。

太宗意在陈王业，王业艰难示子孙。

——白居易《七德舞》

想当初，太宗亲上战场，打下一片锦绣江山，而记载太
宗功业的就是七德舞。在白居易看来，这个贞观年间的舞蹈
其中显然蕴含着"陈王业"的深刻主题思想。

太宗英武，十八岁起兵，手持白旄黄钺亲自领兵平定
长安和洛阳，建立了不世之功。擒拿王世充，剿灭窦建德，

二十四岁时就扫荡了祸乱天下的各路军阀，成就了英雄伟业。二十九岁时继大统，到三十五岁时就实现了太平盛世。这是何等让人神往！面对着艰难时事，想想太宗一统天下，实现太平盛世之治为什么如此神速？原因无他，就在于英明神武的太宗皇帝在待人方面，能做到推心置腹，让人心悦诚服，甘心为他驱使。太宗的宽厚仁慈，至今想起来，都让人感叹。

在贞观初年，太宗感念当年与他一起打天下阵亡的将士，于是下旨，凡是阵亡的士卒都要妥善收敛安葬，抚恤家属。在贞观五年，大唐发生了严重的饥荒，饥民为了生存，只能靠卖儿卖女求活，太宗知道后，马上下令皇家拨出专门资金，替这些穷苦百姓赎回自己的骨肉，这才是仁义之君具有的风范啊！

太宗重臣魏徵，在晚年得了重病，一病不起，不久于人世。有一天，太宗夜晚梦到了魏徵来向他告别，半夜里猛然惊醒，想到自己要失去一位栋梁，忍不住为此而悲泣，凌晨，魏徵去世的噩耗传来，君臣之间的心意如此相通，怎不让人感叹。另一位大臣张谨去世的时候，正是忌哭的日子，但太宗想到他追随自己所立下的功劳，依然难以抑制悲痛，不顾禁忌而痛哭，君臣如父子般的情义，让人追慕。

太宗不仅有着非凡的武功，而且还能实行宽仁之政，宫中许多宫女常常终生都不能出宫，她们是多么悲苦呀！而太宗一次就将三千宫女放归本家，任其婚嫁、与父母团圆，这是多么深得民心的仁政。

犯有大罪的死囚，依律处斩是天经地义的事，但是在贞观六年冬，太宗亲自给四百名死囚训话，放他们回家，与家人团聚诀别，等到第二年秋天，再回来执行死刑。正是因为太宗以君父之慈对待犯了死罪的子民，这些死囚在探亲之后都主动回到监狱，接受处罚，无一脱逃。这真是旷古未有的奇事。

开国功臣李勣得了重病，要用龙须做药引。太宗知道后，亲自剪下自己的胡须烧成灰赐给李勣。李勣痛哭流涕，甘愿杀身为国家尽忠。大将李思摩在作战时中了箭，太宗亲自给他吮出创口的毒血，李思摩奋身呼号，愿为国家效死不惜。太宗的功业让人感悟，得天下不仅要靠勇力，更要善于抓住历史机遇，还要以自己的诚心感动人、感召人……

如今，大唐正处于元和年间，离太宗辉煌的时代，已经过去了一百九十年，但太宗的事迹，还在激荡着我们这些做臣子的，当今天下也在用歌舞来颂扬太宗的仁政武功。歌七德，舞七德，圣人的事迹将永远流传。七德舞是太宗创造的，但它不仅是为了歌颂太宗的神武，也不仅是为了夸耀太宗的仁德，太宗真实的用意在于陈述王业，让后世子孙了解王业创立的艰难。

辉煌的时代已经过去，所有人都在盼望能重新沐浴在贞观时代的阳光下，白居易提醒帝王，只有清楚地认识到太宗创业不易，才能励精图治，重新振兴大唐。白居易写下《七德舞》，目的不是为太宗歌功颂德，真实的用意在于劝勉，只可惜，他的苦心，权贵无人能懂。白居易这样的文人，是他们粉饰太平的工具，他们希望白居易能写出更多的让他们感到愉悦的诗篇。但白居易没有让他们如愿，即使在颂扬皇帝时，他的重点还是在敦促皇帝实施仁政方面。所以，常常是赞美少，而讽刺多。

白居易具有浓厚的忠君思想，在皇权社会下，君王是神圣不可侵犯的，即便如此，白居易也敢于以讽喻为武器对君王进行规劝，而对于权贵，白居易就没有那么多的忌讳，也就更加敢于鞭挞他们的所作所为了。

谁家起甲第，朱门大道边？

丰屋中栉比，高墙外回环。

累累六七堂，栋宇相连延。

一堂费百万，郁郁起青烟。

洞房温且清，寒暑不能干。

高堂虚且迥，坐卧见南山。

绕廊紫藤架，夹砌红药栏。

攀枝摘樱桃，带花移牡丹。

主人此中坐，十载为大官。

厨有臭败肉，库有贯朽钱。

谁能将我语，问尔骨肉间。

岂无穷贱者，忍不救饥寒？

如何奉一身，直欲保千年？

不见马家宅，今作奉诚园。

——白居易《伤大宅》

虽然大唐已经没有了往昔的神勇，但权贵之家依然看不到危险，还在醉生梦死，哪怕盖一所房屋，也要做得惊天动地。而权贵数量之多，以至于是哪一家在起豪宅，也难以知晓，只能从外表观察，才能知道其奢华无度。这路边的豪华的宅第，把气派的红漆大门，就开在了人来人往的大道旁边。

高大的房屋梳齿般排列，外面的高墙曲折回环。一座挨着一座的房屋足有六七间，梁栋和屋檐相互联连伸延。造一座这样的堂屋，要花费的金钱何止上百万，那生机勃勃的气象，如同云烟升起。幽深的内室冬暖夏凉，严寒酷暑都奈何不了屋内的主人。高大的堂屋宽敞明亮，长安郊外的南山，无论是坐、卧，都近在咫尺。环绕走廊的是紫藤的藤架，台阶两旁有红芍药的花栏。攀下树枝来采摘樱桃，带着花去移栽牡丹，即便是仙境，也不过如此。主人在这所华屋中安坐，一连十几年都做着大官。厨房里吃不完的肉，都已经腐烂了，库房里的钱，因为穿钱的绳子烂了，都散落在地上。哪一个能传达他的意见，问这一家人一个问题：难道社会上没有贫穷卑贱的人？为什么把这丰富的物资和金钱，只图供养自己，却不想着去救济穷苦之人。难道真的就想保得住富贵千年？你可曾见到昔日那繁华的马家住宅，在今天已成为废弃的奉诚园。

白居易不会同情这些骄奢的权贵，在他内心里，他深刻期盼他们的庄园能早一点儿废弃，不如此，不足以警醒后来者。但醉生梦死的权贵们是不会把他的呐喊当作一回事的。在他们眼里，享受就是一种特权，又怎么会有闲情逸致去关心百姓的死活呢？

诗歌是白居易的武器，他如花的妙笔，化作了诗歌中的警句，批判着当朝权贵们的奢靡风气。虽然他知道他无法唤醒这些醉生梦死的寄生虫，但犀利的言语，终究会把权贵的无耻行径刻下来，即使不能浇灭心中的块垒，也能起到一定的警示作用。

第四节　万家忧乐在心田

白居易时代，已经没有了神武的帝王，只有宦官专权，这些宦官凭借权势，狐假虎威，在社会上专横跋扈。白居易痛恨宦官的所作所为，在讽喻诗里，对他们进行了无情的揭露。

卖炭翁，伐薪烧炭南山中。满面尘灰烟火色，两鬓苍苍十指黑。卖炭得钱何所营？身上衣裳口中食。可怜身上衣正单，心忧炭贱愿天寒。夜来城外一尺雪，晓驾炭车辗冰辙。牛困人饥日已高，市南门外泥中歇。翩翩两骑来是谁？黄衣使者白衫儿。手把文书口称敕，回车叱牛牵向北。一车炭，千余斤，宫使驱将惜不得。半匹红绡一丈绫，系向牛头充炭直。

——白居易《卖炭翁》

作为一个经历过江海漂泊的人，也曾为了家里能够有饭吃，而不惜千里奔波去背米，所以，白居易知道穷困的滋味，也对穷困的民众更加同情。卖炭翁，在寒冷的冬天还在街头徘徊，仅仅因为担心炭卖不出去，而希望天气能再冷一点儿。因为那一车炭，就是一家人的衣食。尘灰、烟火色，是烧炭人的标记，斑白的两鬓，是烧炭人走过的岁月，黑黝黝的十指，是烧炭人永远无法洗白的沧桑。但这一切都无法换来烧炭人及其家人的温饱。因为，此时的长安城，买不起炭的人很多，使得他难以在短时间内实现自己的心愿。

就在他企盼自己能卖完一车炭时，灾难却降临了，宫里的太监，口称皇命，强把一车炭全部收进了宫里，而给这个可怜的老人的只有半匹红绡和一丈长的绫绸。一千余斤的炭，只换来如此少的布匹，回去的日子该怎样度过？白居易心如刀绞，但也只能浩叹。毕竟，这已经不是盛世时的国度了，不会有唐太宗那样的仁君随时关注他们的生活，一切都要靠自己，能不能熬过去，只有天知道了。

白居易不是那种能改变朝纲的人，对于民众的苦难，他爱莫能助，只能把这种痛苦用诗歌表现出来，也希望帝王能够察觉，最终警醒。

白居易是能感受到大唐衰败的，早年漂泊时，辗转各地，就是想找到一块战火平息的地方。所以，白居易是希望中央政府能够武力结束藩镇割据的局面，恢复大唐的一统江山。但是，中央政府实力暗弱，这也是白居易心知肚明的，虽然朝廷有心要武力消灭各地藩镇首领，但这无异于拿鸡蛋碰石头，不但解决不了问题，还会引发更大的战乱。所以，白居易反对在实力不足的情况下，贸然与地方藩镇势力动武。

与贞观盛世时周边各民族来朝拜大唐时相比，此时大唐的周边地区各少数民族，已经开始蠢蠢欲动，都想着趁这个时候来割大唐一块肉。对于此时暗弱的大唐来说，北方的回鹘、西南的南诏、西北的吐蕃，哪一个都不好惹。偏偏唐政府还要摆出老大的做派，对这些少数民族地区的首领指手画脚，以致埋下了战乱的祸根。

白居易对于大唐这种玩火自焚的策略自然是反对的，尤其对于边境将领的拥兵玩寇，坐视国土沦丧、不思恢复的做法，提出了尖锐的批评：

阴山道，阴山道，纥逻敦肥水泉好。每至戎人送马时，道旁千里无纤草。草尽泉枯马病羸，飞龙但印骨与皮。五十匹缣易一匹，缣去马来无了日。养无所用去非宜，每岁死伤十六七。缣丝不足女工苦，疏织短截充匹数。藕丝蛛网三丈余，回鹘诉称无用处。咸安公主号可敦，远为可汗频奏论。元和二年下新敕，内出金帛酬马直。仍诏江淮马价缣，从此不令疏短织。合罗将军呼万岁，捧授金银与缣彩。谁知黠虏启贪心，明年马多来一倍。缣渐好，马渐多。阴山虏，奈尔何。

——白居易《阴山道》

虽然不在边关，但白居易对于唐和各少数民族政权之间的边贸交易的情况非常了解，双方之间缺乏诚信，尔虞我诈，互相算计，尤其是这些少数民族，借着和大唐有姻亲关系，不断得寸进尺，使得大唐本来就捉襟见肘的财政更加困难。白居易虽然看出了问题，但也无可奈何。毕竟，弱国无外交，大唐此时懦弱，只能花钱买平安，但这些少数民族贪得无厌，挖空心思搜刮大唐的物资，让大唐在贫弱的道路上，越陷越深，越发难以振兴了。

战争，永远是民众的痛，但权贵们却希望用战争来巩固自己的地位，或者获得更多的荣华富贵。对于这种统治阶级热衷的战争游戏，白居易是深恶痛绝的，对于因为躲避战争而甘愿毁坏身体的民众，他给予了深切同情：

新丰老翁八十八，头鬓眉须皆似雪；玄孙扶向店前行，左臂凭肩右臂折。问翁折臂来几年？兼问致折何因缘？翁云贯属新丰县，生逢圣代无征战；惯听梨园歌管声，不识旗枪与弓箭。无何天宝大征兵，户有三丁点一丁；点得驱将何处去？五月万里云南行。闻道云南有泸水，椒花落时瘴烟起；大军徒涉水如汤，未过十人二三死。村南村北哭声哀，儿别爷娘夫别妻；皆云前后征蛮者，千万人行无一回。是时翁年二十四，兵部牒中有名字；夜深不敢使人知，偷将大石捶折臂；张弓簸旗俱不堪，从兹始免征云南。骨碎筋伤非不苦，且图拣退归乡土。此臂折来六十年，一肢虽废一身全；至今风雨阴寒夜，直到天明痛不眠。痛不眠，终不悔，且喜老身今独在；不然当时泸水头，身死魂飞骨不收；应作云南望乡鬼，万人冢上哭呦呦。老人言，君听取：君不闻开元宰相宋开府，不赏边功防黩武？又不闻天宝宰相杨国忠，欲求恩幸立边功？边功未立生人怨，请问新丰折臂翁。

——白居易《新丰折臂翁》

这位给白居易留下深刻印象的老翁，还是幸运的，因为他享受过开元盛世的光景，在青年时代没有经受过战乱，没抚弄过刀剑枪箭，更没有听到过野蛮的喊杀声，只有笛声悠扬和梨园子弟的歌舞声，伴随他度过美好的岁月。

可惜好日子没过多久，在天宝年间，国家开始征兵，一家三口男丁，就必须出一人当兵。当兵的目的地就是万里之外的云南。那里烟瘴横行，中原去的人，大都九死一生，难以平安回家。征兵的命令发布后，整个村里哭声一片，让人听了，格外哀伤。当时，这个老者很年轻，只有二十四岁。听说兵部征兵名册上有自己的名字，非常害怕，想着该如何躲避这次灾难才好。想来想去，只好在夜深人静的时候，偷偷地拿大石条把自己的胳膊打断了。正是因为手臂断了，无论干什么，都不方便。于是，就被免征去云南当兵。

作为一个断臂的残疾人，他的遭遇是不幸的，因为六十年来，残疾的断臂引发的伤痛时时折磨着他；虽然痛苦，但他却从未后悔，因为他待在家里，没有到万里之外的云南做孤魂野鬼，他毕竟还活着，虽然活得并不轻松。

白居易对比了同样是宰相的宋璟和杨国忠两人的表现，宋璟为了保证边境的安宁，对于立有战功的郝灵佺没有论功行赏，只在第二年对他进行了提升，而且品级不高，从而使得武将不去主动挑衅，保证了边境安宁。而杨国忠却为达到个人邀功的卑鄙目的，竟然寻衅滋事，把数十万平民百姓的性命不当一回事，驱赶他们到边远地区去作战，造成千万个家庭的悲剧。白居易借用天宝年间的悲惨旧事，目的就在于提醒当权者，不要再惊扰民众的生活。

作为朝廷命官，白居易对朝廷的腐败看得非常清楚，边境的悍将们只知道拥兵自重，以此来捍卫自己的地位和权势，根本就不考虑国家利益。一旦需要邀功请赏时，不惜杀良冒功，甚至连心向大唐的少数民族都被这些悍将们当作战俘，成为他们向上爬的牺牲品。白居易知道，大唐的辉煌，是无法回来了。

王朝末日下，官府的暴行在各个方面更加严重，赋税加重，横征暴敛的手段也更加残酷。作为当过基层官员的白居易，对官府的所作所为，看得非常清楚。他无权制止朝廷的行为，只能用诗歌做武器，发出了不平的呐喊："剥我身上帛，夺我口中粟。虐人害物似豺狼，何必钩爪锯牙食人肉？"在白居易眼里，那些无视百姓死活的官员就是禽兽。但生活在那个时代的白居易，他没有别的选择，只有用自己的才情为百姓呐喊，让自己的诗歌成为那个时代的一曲强音。白居易的前辈杜甫是这样做的，但他的笔锋还只停留在苦难百姓的身上；白居易比他更前进了一步，把百姓穷困的根源聚焦在了朝廷和官员身上，虽然他拿不出好的解决办法，但却朝社会的黑暗射出了一缕强光。

作为儒家思想的信徒，再加上白居易的出身，使得他与农民之间存在着天然的联系。"村中相识久，老幼皆有情"，淳朴的村民崇尚读书人，与白居易之间的情谊也格外真诚，虽然农夫没什么文化，但白居易觉得和他们之间没有什么交流障碍，"言动任天真，未觉农人恶"，这在万般皆下品，唯有读书高的不平等时代，是难能可贵的。甚至白居易觉得，和农户在一起居住的日子才是最快乐的。他乐意与农民在一起，做那些被正统读书人所不齿的农活，"学农未为鄙……自拟执锄犁"。正是因为有过这样的经历以及思想上的亲近，才能让白居易在诗歌创作中流露出对农民悲惨境遇的真切同情。

第五节　为底层受苦的人歌唱

大唐时代，是一个较为开放的时代，尤其在女性解放方面，超出了前代。但这种解放，更多的只是贵族阶层享乐意识地体现，女性社会权利方面的解放还差得很远。在社会现实方面，唐代女性依然是权贵阶层的玩物。

对女性给予深切同情的大唐诗人有很多，而白居易则是更加突出的一个。"三千宫女胭脂面，几个春来无泪痕？"虽然众多的宫女被胭脂涂抹得美丽动人，但她们并不是真的喜欢这样的生活，依旧以泪洗面，渴望回家。与那些喜欢描写宫廷华贵生活的诗人相比，白居易更关注的是她们的怨旷之情。这是一种人性的体现！

对于权贵们的骄奢淫逸的生活，白居易自然不会放过，而对于居于悲惨地位的女性的深切同情，更促使白居易用诗歌去关注她们的命运，为她们的不幸遭遇呐喊。在元和四年，白居易特别针对宫女应该放还民间的问题上奏，得到了宪宗皇帝的支持。

白居易有着一颗怜悯的心，同情一切值得同情的人，女性就更不用说了，《上阳白发人》就是一首"悯怨旷"的巅峰之作：

上阳人，上阳人，红颜暗老白发新。绿衣监使守宫门，一闭上阳多少春。玄宗末岁初选入，入时十六今六十。同时采择百余人，零落年深残此身。忆昔吞悲别亲族，扶入车中不教哭。皆云入内便承恩，脸似芙蓉胸似玉。未容君王得见面，已被杨妃遥侧目。妒令潜配上阳宫，一生遂向空房宿。宿空房，秋夜长，夜长无寐天不明。耿耿残灯背壁影，萧萧暗雨打窗声。春日迟，日迟独坐天难暮。宫莺百啭愁厌闻，梁燕双栖老休妒。莺归燕去长悄然，春往秋来不记年。唯向深宫望明月，东西四五百回圆。今日宫中年最老，大家遥赐尚书号。小头鞵履窄衣裳，青黛点眉眉细长。外人不见见应笑，天宝末年时世妆。上阳人，苦最多。少亦苦，老亦苦，少苦老苦两如何！君不见昔时吕向美人赋，又不见今日上阳白发歌！

以宫女怨旷为题材的诗歌，在大唐诗坛屡见不鲜，白居易的好友元稹也写过《上阳白发人》，但两人的出发点完全不一样，元稹歌颂的是帝王功业，认为宫女就应该天生为帝王享乐付出一切，所以，他说："此辈贱嫔何足言，帝子天孙古称贵。"就是因为两人的出发点不同，元稹的《上阳白发人》就只是无病呻吟的游戏之作，而白居易的《上阳白发人》就使得其绝妙诗才迸发，成为更具社会意义的高水平诗篇。

大唐政治走向颓势，永贞革新失败后，已经无法挽回了，白居易就几乎成了期望革新政治的唯一代言人，而《上阳白发人》就是对一种摧残女性的制度的呐喊。

上阳宫是位于大唐陪都洛阳的一处宫殿，是专门为失宠的妃子和宫女预备的。白居易所遇到的上阳宫女，也具有传奇色彩，要知道，当初她的容貌之美，是连杨贵妃都嫉妒的。在玄宗住持朝政的末年时期，上阳宫女被选进了皇宫，那时，她才十六岁，正是花容月貌最迷人的年华。还记得离开亲人时，强忍眼泪的情形。原以为进了皇宫，会得到皇帝的恩宠，成为贵人，却不想因为杨贵妃嫉妒，生怕被夺宠，还没等见到君王的面，就被偷偷送到了上阳宫。从那时起，就开始了独守空房的悲惨日子。

独守在这空房子里，日子是那样的难挨，漫漫长夜，因为寂寞而无法入睡，盼着天能快一点亮起来，却总不能如愿，只有一盏孤灯伴随，把人的身影投射在墙壁上，长久以来只能对着她诉说心里的苦。每当夜雨纷纷，雨滴打在窗栏上，更显得寂寞无聊。

春日的白天，时光悠长，真希望日头快点儿过去，能早点儿睡觉，不被春光里的万物景象所诱惑。宫里的黄莺儿百啭千啼，本该让人感到欣喜和羡慕，但寂寞的人因为愁绪满怀，没有一点儿心思去听鸟的鸣叫。人到老年，即使看到梁上的燕子双宿双飞，也引不起一丝嫉妒之情。黄莺归去，燕子飞走，不变的只有宫中长久的寂寞和冷清。春去秋来，日子就这样过着，从进宫时的十六岁，到现在六十岁，就这样对着深宫，看着天上的月亮圆缺、升落。当年的花容月貌已经暗暗消失；如今垂暮之年，白发如银，却依然难以离开，成为自由人。看着那守在宫门口的绿衣监使，上阳宫女多少个春天就被生生地阻拦在门里了啊！

岁月流逝，青春不再，当初一起进宫的一百多个鲜活的生命，在这漫长的几十年的岁月里，都先后凋零了，如今，就只剩下这个六十岁的老宫女还留在这里。好容易让现任的皇帝知道了在上阳宫里还有这么一个人，皇帝大发善心，远远地赐了个"女尚书"的称号，算是对这么多年孤独寂寞的一种补偿。幸存的上阳宫女虽然年纪老了，但穿的还是小头鞋子、窄窄的衣裳；还是用那青黛画眉，画得又细又长。幸亏是居住在这与世隔绝的地方，没有让外边的人看见，不然，她们一定要被笑话，因为这种妆扮，还是天宝末年的时髦样子，现在，应该已经没有多少人还认为它是一种时髦了。

上阳宫人啊，苦可以说是最多：年轻也苦，老了也苦。一生孤苦，但却无法改变。你不曾看到那时吕向的《美人赋》？你又没见到今日的《上阳白发歌》？

对于上阳宫女的不幸，白居易坦露出了自己的恻隐之心和希望改变这不人道的社会现实的理想。和好友元稹的游戏之作比起来，白居易以同样的题材的诗篇，让自己超越了元稹。

第六章

高山流水觅知音

第一节 难以解释的误会

白居易不讲究诗歌格律的创新，在当时大唐的诗坛上，还是引起了很大的轰动，尤其是《长恨歌》的出现，一举奠定了他在大唐诗坛上"诗王"的地位。和大唐前期的著名诗人，如杜甫等，在生前寂寂无闻，死后多年才赢得大好名声相比，白居易无疑要幸运得多。

作为诗人，生前不能享名，却要把一生都奉献在此，这不能不说是一种悲哀。所以，杜甫才感叹"千秋万岁名，寂寞身后事"。当年的文人，都把光宗耀祖当作人生最辉煌的事业，但无奈，多数人都无法在生前实现这一理想。

在仕途上失意的白居易，在诗歌创作上却顺风顺水，"世间富贵应无分，身后文章合有名"，白居易对自己的诗才颇为自信，富贵非我愿，只是浮名，而我的诗歌将光大后世，这是不容置疑的。白居易能有这样的自信，是因为在他一生的大部分时间里，他都能感受到自己的诗歌在社会上的火热程度。

白居易的诗一开始并不是大唐诗坛的主流形式，和追求雅致的文人墨客相反，白居易力求让自己的诗歌面向最普通的大众。他每次写完诗，都会读给不识字的老婆婆听。对方听懂了，他才算完成创作；对方听不懂，那就接着修改。因此，白居易的诗用典不多，但朗朗上口，很受普通大众欢迎。

文人之间，总是免不了相斗的，尤其是大唐诗坛，一首诗歌写得如何，只要一亮出来，马上就会得到评论。白居易独辟蹊径的诗歌创作路子，自然也会引起争论。最看不惯白居易的，要数比他稍后的大诗人杜牧了。

杜牧是世家子弟，其祖父还当过大唐的宰相，而且在白居易担任谏议大夫时，曾经针对杜牧的祖父的相关待遇问题，提出过意见。虽然当初并没有引起什么大的反响，但作为宰相的后人，杜牧肯定对白居易的做法有一定的看法。只是两人辈分相差太大，杜牧没有机会当面向白居易发泄自己的不满罢了。

作为后辈诗人，杜牧对于白居易的诗歌作品一百个看不惯。他曾经在《唐故平卢军节度巡官陇西李府君墓志铭》一文中写道：（墓主李戡生前曾经说道）"尝痛自元和已来，有元、白诗者，纤艳不逞，非庄士雅人，多为其所破坏。流于民间，疏于屏壁，子父女母，交口教授，淫言媟语，冬寒夏热，人人肌骨，不可除去。"虽然学界对此分歧较大，但从（杜牧这段转述）中似乎不难看出杜牧对元、白诗并不看好。同时，杜牧更明确表示，一旦自己权在手，就会下令毁去白居易的诗歌作品，不让其流毒后世。

所幸的是杜牧虽然是晚唐诗坛最后一抹灿烂的晚霞，但他毕竟没有能把持诗坛大权，白居易的诗歌，在杜牧时代，就已经大行其道，成为大唐诗坛的流行色。

白居易的诗歌创作，在大唐的诗坛上，属于独辟蹊径，在正统文人眼里，他的诗歌被看作下里巴人一类，似乎上不了阳春白雪的台面。当时的文坛领袖韩愈正兴起文学上的复古运动，对白居易号称自己是学杜甫，就有不同的看法，而与杜甫齐名的大诗人李白，也是韩愈推崇的对象，但却遭到了白居易的好友元稹的非议。因此，韩愈对于白居易和元稹的诗歌另有看法。虽然当时白居易和元稹的诗歌很流行，但韩愈认为流行的不一定就是什么好东西，白居易和元稹虽然号称学杜甫、贬低李白，但他们两人能和杜甫、李白相比吗？于是，针对白居易和元稹的言论，韩愈写了一首讽刺诗："李杜文章在，光焰万丈长。不知群儿愚，那用故谤伤？蚍蜉撼大树，可笑不自量。"其实，白居易是真心推崇杜甫的，现在却被韩愈误解，也让他有口难辩了。

随着白居易的声名日浓，韩愈也知道自己错怪了白居易，有心和解，但又放不下面子。毕竟，无论从朝廷官位还是文坛地位，白居易都无法和韩愈相比，要让韩愈主动同白居易讲和，在传统社会里，是不大可行的。

好在当时文人圈子多，韩愈和白居易都有共同的好友，这个人就是诗人张籍。张籍知道两人有心结，就总在两人中间斡旋，希望能打开彼此的心结，成就大唐诗坛一段佳话。为此，他总在韩愈面前说白居易如何好，尤其是白居易有了新的诗作，他总是马上拿给韩愈过目。

韩愈听多了张籍说的白居易的好话，自然也就明白了他的一番好意。想着自己是文坛领袖，也应该做一个姿态，让后辈人知道自己的心意。于是，就写了一首诗，让张籍带给白居易："墙下春渠入禁沟，渠冰初破满渠浮。凤池近日长先暖，流到池时更不流。"在诗中，韩愈明白地告诉白居易，自己和他之间的隔阂已经不存在了，现在，主动权在白居易那里，所以，他才问凤池里还有没有冰？也就是希望两人能和解。张籍把这首诗交给白居易，白居易一看就明白了，笑着说："这是韩侍郎在打哑谜呀。"于是，马上提笔，回了一首诗：

渠水暗流春冻解，风吹日炙不成凝。

凤池冷暖君谙在，二月因何更有冰。

——白居易《和韩侍郎题杨舍人林池见寄》

春天已经来了，哪里还能有什么寒冰？只要有你韩侍郎在，凤池已经是一团和气了。张籍看了，非常高兴，一个担心寒冰未解，一个说冰已融化，两人之间还有什么不快呢？

就在韩愈、白居易之间的关系即将融洽时，韩愈被委任到镇州平叛，忙得脱不开身，自然也就没有机会和白居易叙谈。而白居易也替韩愈担心，他一个文人怎么能和凶猛的叛军打交道呢？他知道韩愈是一个急性子，一言不合，连皇帝都敢顶撞，跟叛军交涉，很难会有好言语。因此，也为他捏了一把汗。

好在这一次平叛有惊无险，韩愈大功告成，回京后被提升为吏部侍郎，一下子成为当朝红人，许多官员争相来拍马屁，而白居易却不愿被看作趋炎附势之人，所以就躲开了。

等到韩愈忙里偷闲，和张籍一起游玩曲江时，想到了白居易，就问张籍，怎么不把白居易请来呢？张籍知道韩愈的心思，于是说白居易有事脱不开身。韩愈微微一笑，也不说什么，回去就写了一首诗，让张籍带给白居易："漠漠轻阴晚自开，青天白日映楼台。曲江水满花千树，有底忙时不肯来。"如此美景，你却因为有事来不了，真是辜负了美景呀。

白居易收到了韩愈的诗，想着他可能误会了自己，于是，不敢怠慢，马上回了一首诗：

小园新种红樱树，闲绕花行便当游。

何必更随鞍马队，冲泥蹋雨曲江头。

——白居易《酬韩侍郎张博士雨后游曲江见寄》

在我的家里，新种的红樱树已经开花了，我没事的时候，看看这美丽的红樱树，就是很好的游览春光了。因此，我也没有必要像那些想着吹捧你的官员一道，跟着你去曲江了。

就这样，白居易和韩愈虽然心结已解，但两人却始终没能深交下去。英雄相惜，并不需要天天相守在一起。有时，一句相关的问候，就足以说明对方在自己心里了。

第二节　惺惺相惜的知己

　　白居易的诗歌，有嫉恨者，自然也有知音，而其中最与白居易相合的人，就是元稹。元稹是鲜卑族的后裔，原姓拓跋，属于祖上也阔过的人，要知道拓跋氏曾经建国，全盛时期曾统一了大半个北方，是南北朝时期北朝最重要的大国。大唐离北朝相距时间不远，拓跋后人，自然也有资本炫耀祖上的荣光。

　　虽然祖上荣光，但此时毕竟是汉人主政的时代，所以，元稹也摆不起昔日皇族的架子，只能和普通人一起，通过参加科举考试获得一个好的前途。也正是在科举考试这条路上，元稹和白居易作为同科进士相识，并开始了终身的友谊。

　　元稹是一个才华横溢的人，在诗歌创作上，他的律赋诗极有成就。律赋诗讲究押韵，而且韵脚是限定的，而排偶也是非常重要的形式，这一点，和白居易的诗歌有很大的不同，但并不妨碍两人惺惺相惜，成为朋友，其中的原因，更多的是在于两人性格相近。

白居易和元稹科考得中后，同在秘书省当校书郎，这期间，两人交往日盛。在仕途上，元稹要比白居易顺利一些，但这并不妨碍两人的友谊增长。白居易发起的新乐府运动，元稹就积极参与，并做出了很大的贡献。

一般人看来，白居易和元稹之间的家世差距很大，而且诗风也有很大的区别，似乎很难成为朋友，但却忽视了两人都有多情的一面。正是这种多情，成就了两人之间生死不渝的友谊。

元稹多情，不然就写不出"曾经沧海难为水，除却巫山不是云"这样的美妙诗句，而且奇妙的是，到现在都还不知道这情诗到底是写给谁的。在情感的道路上，元稹与白居易一样，也多不幸，而元稹则更悲剧一些。元稹在求学期间，就撒播情种，和邻居女孩有过一段情缘，并且约好，一旦考试得中，就回来迎娶。不想，元稹后来在长安中了进士，竟然潇洒地忘记了这段情缘，迎娶了当时的名门闺秀韦丛，而一直等不来元稹的那位邻家姑娘，最后也无奈嫁人。

元稹的情感泛滥，在当时可以说是风流人物，当时的才女薛涛和歌女刘彩春，都和元稹有着说不清道不明的情感故事。这一点和白居易有所不同。白居易和湘灵之间的感情，持续多年，并一直是他感情的寄托。元稹这样滥情的人，却进入了白居易的法眼，似乎有些说不通。其实，元稹虽然多情，但对其付出的每一段感情，都很投入。他的妻子韦丛去世后，他写下了历史上非常有名的《遣悲怀》三首，可谓是痛彻心扉的，其中，"贫贱夫妻百事哀"，更是成为凄艳的名句。或许正是因为这一点，才让白居易欣赏。

元稹在仕途开始时，非常顺利，又是高官的乘龙快婿，可以说是前途一片大好。可惜，好运不长，没多久，元稹所面临的形势就急转直下，先是妻子去世，让他失去了靠山，随后又得罪了权贵，被从朝廷中赶了出来，开始了外放生涯。而白居易虽然没有飞黄腾达，但一直都在京城长安待着，相比之下，就比元稹幸运多了。

仕途蹉跎导致白居易和元稹两人之间在一起的日子少了，但两人之间的情谊却日益加深。每一次相会，两人都会欣喜交加；而每一次别离，又都会让两人痛断肠，甚至到了"寤寐思服，辗转反侧"的地步。他们不仅思念对方到望眼欲穿，还经常在梦里推杯换盏、吟诗作赋，可以说，这份情谊已经刻到骨子里了。

最引人称道的是同为诗人，虽然聚少离多，但关山万里，却阻断不了两人之间的唱和往来。为了交流方便，两人发明了别具一格的通信方式，就是把各自的作品放进竹筒里，以诗代书，往来传递，成为一段佳话。多年后，白居易还写诗回忆这段趣闻：

拣得琅玕截作筒，缄题章句写心胸。

随风每喜飞如鸟，渡水常忧化作龙。

粉节坚如太守信，霜筠冷称大夫容。

烦君赞咏心知愧，鱼目骊珠同一封。

——白居易《与微之唱和来去常以竹筒贮诗陈协律美而成篇因以此答》

我们把竹子做成诗筒，抒写着我们的心胸。和你相比，我能成为一只飞鸟就很不错了，常常担忧你一旦风云际会，成为矫健的飞龙，那就把我甩得太多了。有时候得到你的一句称赞，都让我感到受之有愧，毕竟，你是大才，我的诗句和你相比，就好比鱼目和龙珠一样不相称。白居易的话里，有自得的喜悦，也有自谦，但洋溢在里面的，更多的是能与元稹唱和的幸福。

元和四年的春天，白居易和元稹又暂时分开了。身为监察御史的元稹，被朝廷派往东川处理事务。春天的长安城，有着更多的迷人之处。所以，有了闲暇时刻，白居易就会邀上几个好友，一起出游。这天，白居易和朋友李杓直，弟弟白行简，一同到曲江、慈恩寺春游。游玩过后，几个人一起来到李杓直家饮酒吃饭，看着眼前欢愉的景象，白居易却不由得思念起远方的元稹来了。

自从元稹离开后，白居易的心就牵挂在朋友身上，他一直在默念、计算着元稹的行程，并且作诗一首：

花时同醉破春愁，醉折花枝当酒筹。

忽忆故人天际去，计程今日到梁州。

——白居易《同李十一醉忆元九》

我们在这里赏花喝酒，欣赏这春天的美景，消除了春日里百无聊赖的忧愁，喝醉了，就折下花枝，当作喝酒的筹码，这该是多么其乐融融的场面呀。想到朋友已经告别，到遥远的天际去公干，算起来，今天应该已经到了梁州地界了吧。

十多天后，梁州的信使带着元稹给白居易的信到了，对此，白居易并不惊讶，因为两人过去分离时，就经常通信，而且常常以诗为信，相互遥思。这一次，在白居易看来，大概是老朋友到了异地之后，也同自己一样，想念自己，于是又写了一首新诗让自己鉴赏了。但当他打开信封后，却被元稹的描述惊呆了。

元稹在书信里说，当他夜宿在汉川驿里时，突然做了一个梦，在梦里，他和白居易、李杓直同游曲江，还一块儿拐进慈恩寺里游玩。看着信，白居易有些吃惊，再看看信的日期，仔细一推算，白居易吃惊地发现元稹梦到他们的那天，正是他们同游曲江的那个春日。

这真是一件令人难以置信的事！相隔万里的两个人，竟然能在梦里相会了。虽然这个故事不好说真假，但白居易像煞有介事地把它记录下来，足以说明两人之间的友谊是多么深厚了。

元稹成为权贵之家的乘龙快婿时，是刚考上进士，成为校书郎不久的日子，其妻子随着父母在洛阳居住，在长安上班的元稹只能长安、洛阳两头穿梭。而因为生活比较富裕，元稹也能在洛阳安家，并经常在这里招待白居易。

后来，元稹得罪权贵，开始了颠沛流离的外放生涯，而他在洛阳的家也逐渐荒败了。作为元稹的至交好友，白居易对此地有着无限美好的回忆。他在元稹去世后，曾多次来到好友的故居里，徘徊不忍去。每次触景生情，都不能自已。他在《过元家履信宅》中写道："落花不语空辞树，流水无情自入池。"每次想告别，却不知道对谁说。落花无情，不知道我此时的心情，只能对着这里的树，表达无言的告白，而流水却也没有一点儿眷恋之情，依然故我地朝别家的水池流去。

没有了朋友，白居易看到的是流水落花春去也，时过境迁人不在，不禁哀叹道："前庭后院伤心事，唯是春风秋月知。"我在这里感伤的心情，只有春风和秋月知道，知音是再难寻到了。同样的景色感触，他还在《元家花》里写道："今日元家宅，樱桃发几枝。稀稠与颜色，一似去年时。"只是景色依旧，但人却不在这里，空对着熟悉的景色，只能徒增伤感了。所谓睹物思人，也就是这种感受。

白居易难以忘怀自己和元稹的最后一次会面。元稹那时从越中返回长安，经过洛阳时，见到了在此担任河南尹的白居易。这一次，元稹破天荒地在洛阳停留了很久，甚至临别时还对白居易依依不舍："君应怪我留连久，我欲与君辞别难。"作为知己，元稹也感到现在两人都老了，身边的老朋友越来越少了，彼此之间的欢会时光也越来越少了。

元稹仿佛预知到自己时日无多，所以就很珍惜和白居易在一起的短暂时光。"恋君不去君须会，知得后回相见无"，我如此的恋恋不舍，你应该有所体会，这次分别之后，可能我们之间的相会就没有下次了。当时，两人都没有想到这一语成谶。

元和十年，元稹又因为直言劝谏，被贬为通州司马。半年后，在追查宰相武元衡被刺一案中，白居易又得罪了权贵，同样被赶出了朝廷，发配到江州去当司马。

白居易从长安到江州的道路，有相当一部分的路程是与元稹到通州的道路重合的。因此，元稹住宿的驿站，也就是白居易的必经之地。他知道元稹的性情，一定会在驿站的庭柱上，写下一些诗句。因此，白居易每到一处驿站，首先做的事就是循着墙壁，绕着柱子，寻找好友留下的诗句。

当白居易在走到蓝桥驿时，终于找到了元稹写在墙上的诗，其中有一句是"江陵归时逢春雪"。这首诗，是元稹尚未遭贬前，返回长安时所作的。这一句让白居易触景生情，忍不住和了一首诗："蓝桥春雪君归日，秦岭秋风我去时。每到驿亭先下马，循墙绕柱觅君诗。"曾经好友归途中见雪，是那样的春风得意，但现在呢？他们两人都被贬官，离开了长安，元稹走的时候，正是春天，还有白居易相送。而白居易呢？却是在秦岭秋风扫荡的季节里，孤单地离开。正因为循着元稹的脚步，所以，每到停留的驿站，白居易都会下马，绕着墙壁和庭柱，寻找元稹留下的诗句。只是无论如何，都没有了以往那样的好心情，因为两人均遭贬谪，不知前途如何。现在诗句还历历在目，只不过驿馆虽在，却已经物是人非。

远在通州的元稹，因为先行一步，自然是不知道白居易也跟着自己被贬江州了。当他得到好友被贬江州的消息时，竟然吃惊得一下子从床上坐了起来，写下了《闻乐天授江州司马》："残灯无焰影幢幢，此夕闻君谪九江。垂死病中惊坐起，暗风吹雨入寒窗。"人在被贬之地，心情自然格外郁闷，一盏孤灯陪伴，因为没有心情去添油，所以没什么光亮，所看之处，都是重重叠叠的影子。就在这样的情形下，元稹突然听说白居易也被贬到了九江。当时，元稹正发病，已经是垂死之人了，但还是吃惊得坐了起来，只感到冷风吹着冷雨，进入自己的屋子里，整个世界都是冰冷的。

虽在病中，但听到这不幸的消息惊起，真真切切地道出了两人之间的感情之深。灯火摇晃着，门窗摇动着，风吹着，雨下着，元稹都没有去考虑，那一刻，他满心里所想的，只有自己的好友的安危，在一个陌生的地方是不是住得惯？

对于好友的关心，白居易深深地感受到了，他读到此诗，身体和心灵更是起了非常大的反应。他在回信里深情地说："此句他人尚不可闻，况仆心哉！至今每吟，犹恻恻耳。"这些话别人感受不到，但深深地打动了白居易的心。每读到这些话，就仿佛元稹在白居易耳边诉说一样啊！

白居易、元稹，在诗歌创作上的观念是一致的，都是新乐府运动的倡导者，作品风格也相近，被并称为"元白"。从诗歌成就来说，白居易要比元稹高，但为什么不是"白元"而是"元白"呢？这里面有什么讲究吗？从两人交往的经历看，白居易对"元白"的排名是认可的，在与文人之间的口水官司当中，他也总是说"元白"："江南士女，语才子者，多云元白。"从没把自己放在前面，表达了对元稹的拳拳之情。

但不管如何排名谁先谁后，都不影响白居易和元稹之间的真诚感情。元稹比白居易要小七岁，但却先白居易而去世。在白居易的余生里，他对逝去好友的思念，却从未断绝。

大和七年，在元稹去世两年后，有一天，白居易和朋友一起聚会。席间，一位歌女为助兴，唱起了元稹的诗句。不想，这一下触动了白居易的情思，他听了，不禁悲从中来。"时向歌中闻一句，未容倾耳已伤心"，老友的诗句还在，但人却永远无法再会了。如今，歌女刚刚唱出第一句，还没容白居易仔细去听，内心已伤悲万分。

元稹去世十年后，有一天，白居易在友人卢子蒙处，看到了其与元稹唱和的旧作。一般而言，已经去世十年之久的朋友，即使情谊再深，时光应该已经冲淡了哀伤。但是，白居易却依然对元稹有着割舍不下的情谊。一看到元稹的作品，他忍不住泪如雨下，在诗集后面的空白处，写下了这样的诗句："昔闻元九咏君诗，恨与卢君相识迟。今日逢君开旧卷，卷中多道赠微之。"

白居易在这里自责，说以前就听说元稹与卢子蒙在一起写诗，真是有些追悔没能早点认识卢子蒙，以致一直没发现元稹给卢子蒙所写的诗句。要不然今天打开这遗留的试卷，就一定能多一首白居易写给卢子蒙的诗了。

白居易和元稹可以说是永恒的朋友，即使元稹离世日久，但白居易还是能经常在夜里梦到与他同游，以致第二天醒来后，又是不禁泪沾襟。这种年复一年的忧伤，始终伴随着白居易，一直走到他生命的暮年。

第三节　以文会友，诗人才情大比拼

在白居易的一生中，两个洛阳人扮演了极其重要的角色。一个是元稹，一个是刘禹锡。如果说元稹是前半生的至交，那刘禹锡就是后半生的知己。

刘禹锡和白居易之间，也颇多唱和，留下了不少有名的诗篇。但是，刘禹锡和元稹是两种不同性格的人，相比较而言，刘禹锡更像是一位战士，面对逆境，从不屈服。这样的人，和白居易温顺柔软的性格，有很大的差距，似乎很难成为朋友。但是，白居易和刘禹锡之间，依然有着很深厚的友情。大唐诗坛上，不仅有"元白"的名号，更有"刘白"的印记，而且，"刘白"的诗坛印记，更为醒目光彩。

大唐是诗人的国度，对于如何写诗以及什么是好诗，几乎人人都有发言权。盛唐时，李白横空出世，以肆意汪洋的诗风和瑰丽的想象，被称为'诗仙'；杜甫以厚重的诗风和精心的遣词造句，记录了一段历史的风貌，被誉为'诗圣'。李杜二人稳坐大唐诗坛的头把交椅，无人与之争锋。到了白居易时代的中晚唐，国势衰败不可避免地影响了诗歌的文风，但每个想成为诗人的人，都在期望自己能开创新一代的诗风，引领诗坛。几多争锋，几许风流，使得中晚期的大唐诗风再一次掀起了风暴。

从诗歌风格上说，白居易是一个异类，正是因为他的出现，使得诗歌的形式和题材被大大拓宽了。这种诗歌上的革命在当时是不被正统诗人所认可的。但白居易的才气，让他能在诗林中占据一席之地。再加上一群好友唱和，使得白居易成为诗坛的大佬，虽然有些另类，但作品流传，也不得不让人服气。

虽说文无第一，但每个文人都希望自己是名副其实的第一，大唐诗人自然也不乏这种想法，尤其在白居易时代，政治上的革新已经失败，曾经意气风发的一干人如刘禹锡等仕途无望，只能回归诗坛，希望通过自己的诗歌为自己在大唐的历史上留下印记。因此，几位具有诗人身份的朋友就必须在诗坛上一比高下了。

白居易和刘禹锡是同年生人，早在白居易江海漂流时，就曾在徐州听说过刘禹锡的大名。那时，两人都是翩翩少年，都被人视为奇才，只不过白居易得到了顾况的首肯，而刘禹锡虽然没有到长安去扬名，但在地方上，已经被许多人看好。几年后，白居易和刘禹锡都在秘书省任职，并因此成为朋友。

白居易和刘禹锡是能相互交心的人，虽然从诗风上看，两人相距很大，但却不妨碍两人成为知己。虽为知己，但文人间的不服气，依然存在，再加上诗风不同，所以，两人都有心较量一番，看看谁是此刻诗坛的第一。

　　白居易所开创的诗风，在当时并没有得到认同。毕竟，诗歌是高雅的，远的不说，就连和白居易同时代的诗人贾岛，为了诗句当中的一个字而反复推敲，使得看似不起眼的一个字，成了全篇的诗眼的故事，不禁让人拍案叫绝。而白居易却偏偏把大白话写进诗歌里，让他的诗从高雅变成通俗，这不得不让文人雅士感到自己身价下跌了。

　　但是，别人不同意，不等于白居易就不是诗人了。相反，白居易少年成名，又高中进士，要知道，唐朝的进士是要考诗歌创作的，而且还是当堂创作。白居易既然能考上，就说明他的诗才不俗，在当时是获得了认可的。

　　大唐走到了白居易时代，国势已经不可复返，就连白居易的朋友李商隐都发出了"夕阳无限好，只是近黄昏"的感慨。但国势衰败，不等于没有诗人，相反，中晚唐时期，大唐诗坛也迎来了诗人大爆发。而如何给这些诗人排序，却是让人头疼的事。

　　和白居易同时期的诗人当中，刘禹锡是个中翘楚。而刘禹锡和白居易两人，又同在秘书省共事，并成为朋友。只是白居易文艺范浓厚了一点儿，而刘禹锡则更像是一名斗士，在秘书省没待多久，就参与了永贞革新，上调到朝廷，成为一名闯将。

永贞革新只风光了半年，就宣告失败，刘禹锡被发配。作为政治家的刘禹锡光环不再；但作为诗人的刘禹锡，却开始迸发出最耀眼夺目的光辉。无论是在流放地，还是被召还，刘禹锡走到哪里，都会用诗歌展现其不屈的豪情，以致他的政敌都对他无可奈何。

困境激发了诗才，也留下了无数的诗篇，使得刘禹锡本来就高大上的诗名更加出名。这一点，白居易也注意到了，自然，在他心里，也会有与刘禹锡一较高低的想法。同样是诗人，都在大唐诗坛上占有一席之地，谁愿意比谁差一等呢？既然都不愿意屈居人下，那就只有比试一番了。

刘禹锡少年天才，白居易也是天才少年，从诗风上看，刘禹锡最擅长的是咏古抒怀，写乐府这种文艺范十足的诗歌也是高手，在亲民路线上，刘禹锡也不让他人，以"杨柳青青江水平，闻郎江上踏歌声。东边日出西边雨，道是无晴却有晴"为代表的竹枝词，让大唐的民歌也具有了诗味、诗情。而白居易也不遑多让，《长恨歌》一问世，使得白居易拥有了"诗王"的美誉。文人之间的不服气，就只好用"斗诗"的方式决一胜负了。

刘禹锡和白居易仕途发展不一样，刘禹锡出名在前，但风光的时间太短，不到半年，就被打入无边苦海，一辈子都在大唐最穷困的地方转来转去。作为朋友，白居易自然同情刘禹锡的遭遇，不时写信安慰他。当刘禹锡从流放地返回洛阳，途经扬州的时候，正好与在那里养病的白居易相逢了。

好友相逢，免不了要饮酒庆贺，回首大好光阴，就在蛮荒之地耗费掉了，两人都不免有些感慨。白居易想着刘禹锡在蛮荒之地，应该是锐气被磨灭了吧？或许，是对过去的意气用事后悔了吧？于是，他就写了一首诗，送给刘禹锡：

> 为我引杯添酒饮，与君把箸击盘歌。
> 诗称国手徒为尔，命压人头不奈何。
> 举眼风光长寂寞，满朝官职独蹉跎。
> 亦知合被才名折，二十三年折太多。
>
> ——白居易《醉赠刘二十八使君》

老友相逢，饮酒的气氛自然是热烈的，刘禹锡热情地为白居易添酒劝饮，白居易握着筷子敲击盘子为刘禹锡吟唱诗歌。这就是他们两人的乐趣，天下人有几个能理解呢？或许，俗人只想着升官发财，但白居易和刘禹锡心里所想，哪是俗人能理解的呢？白居易说刘禹锡的诗才堪称国手，但是赏识的人不多，这真是大唐的不幸，才让刘禹锡沦落到如此地步。

命途多舛，自古难免，刘禹锡虽是大才，但生不逢时，到如今也只能向现实低头，难以施展你的抱负，天下还有比这更无可奈何的境遇吗？抬眼望去，冬季的景物，因为缺乏阳光普照而缺乏活力，使人深感寂寞，满朝庸庸碌碌的官员，尸位素餐，只想着个人得意，置天下事于不顾，以致江河日下，让人感到悲哀。从古到今，多少有才名的人官运都不顺畅，但像刘禹锡这样二十三年的时光被白白蹉跎，虚度的光阴，实在是太多了。

这一首诗，在白居易众多的作品中，一直都被忽视了。多数人都认为白居易此时和刘禹锡身份相差太大，面对一个长期被流放失意的官员，身居高位的白居易作为朋友，能说的只有这几句安慰话了。

作为朋友，白居易感叹刘禹锡的才能没有得到发挥，假如当年的永贞革新能成功，大唐当不是现在的模样。白居易自认没有刘禹锡这样的才能，而且在前途选择方面，白居易比刘禹锡更为柔顺。早年，白居易也有一番治国抱负，但一旦和现实发生冲撞，白居易就自动偃旗息鼓。虽然没有走与权贵同流合污的道路，但明显的是明哲保身，不卷入政治利益冲突当中。所以，在刘禹锡饱受打击、颠沛流离的二十多年里，白居易的官运比较好，即使偶有贬谪，去的位置也比刘禹锡好，还掌有地方实权，很多时候可以做到自己说了算，日子自然比刘禹锡过得舒心。

白居易也知道刘禹锡如此遭遇的原因是什么，但在当时肃杀的政治气氛当中，有些话却不能明说。要知道，在当时的社会环境下，刘禹锡是当权者的头号大敌，一举一动都被监视。所以，白居易的劝说，只能点到即止，其中的含义只能让刘禹锡自己去猜，去领悟。

白居易的意思很明显："老朋友啊，你为振兴大唐，付出了太多，当年我们一起在秘书省，都是青春年少之人，现在，二十多年过去了，你被羁绊在蛮荒之地，再这样下去，你的施政才能和文学才能就要荒废了。那么，你今后的路应该如何走呢？"

后人大多认为，白居易的这首赠诗写得一般。有人更是惊诧莫名：大名鼎鼎的白乐天，怎么能写出这样的烂诗？不提诗句中的暮气，单说全篇诗歌，几乎没有感情流露，哪里像对落难朋友的同情？也有人认为，白居易不过是敷衍应酬一下而已。所以，对于白居易这首有着深刻寓意和背景的诗，基本上都视而不见。

那么，这首诗果真像许多人认为的那样，写得很差吗？其实不然。白居易和刘禹锡两人年岁相同，又都是当时大唐诗坛上最著名的诗人，时称"刘白"。两人是多年知己好友，又是多年以后重逢，相互赠诗，事关声名，白居易绝不可能敷衍，一定会全力以赴地进行创作。

所以，细细揣摩白居易的这首诗，可以说通俗晓畅，到位得体；取象巧妙，款曲达意；暗用典故，不露痕迹，全是白居易诗歌创作的主张体现和诠释。"满朝官职独蹉跎"一句，是把白居易最崇拜的诗人杜甫诗句中的"冠盖满京华，斯人独憔悴""诸公衮衮登台省，广文先生官独冷"等典故借用而来。一句诗，套用了两个典故，足以显示白居易高超的文学才华，不是那种只能写大白话的诗人。而且，这句诗和杜甫的诗句相比，更浅显易懂，即使看不出是在用典，对白居易所表达的对满朝庸官地痛恨都能感到，"用事人不觉"就是用典之最高境界。白居易这里化典述衷，充分表达了对刘禹锡谪迁的同情和不平。

"举眼风光长寂寞"一句，更是白居易在巧妙地借象寓意，对刘禹锡给予一种莫大的勉励和劝慰。扬州地处江北，其冬季远比其他季节要长，这冬天的风光就像刘禹锡被贬的境遇一样，让人感到无比的寂寞。然而，冬天来了，春天还会远吗？春天的脚步已经可以听到了，黑暗即将过去，光明就要到来！虽然刘禹锡已经蹉跎了二十多年的光阴，但苦日子就要熬到头了。

白居易诗的高妙之处就是在看似不经意的文字背后，寄寓着深厚的情感和丰富的内涵。而这样的功底，自然只有刘禹锡这样的知音才能明白。白居易的诗犹如武林高手打过来一拳太极，表面绵软无力，实则千斤压顶。刘禹锡也是个中高手，和白居易多年的朋友，这让他对白居易的诗歌特点了如指掌。如今，白居易一改往日诗风，写出如此用意非常的诗歌来，怎能让他不马上回赠一首来表现自己的诗情呢？于是，刘禹锡马上即席写了一首答诗《酬乐天扬州初逢席上见赠》："巴山楚水凄凉地，二十三年弃置身。怀旧空吟闻笛赋，到乡翻似烂柯人。沉舟侧畔千帆过，病树前头万木春。今日听君歌一曲，暂凭杯酒长精神。"

刘禹锡的大才，在此时表现得淋漓尽致。他的回赠诗，不是另起炉灶，而是紧接着承继白居易诗的末句，顺势发力，仿佛是在把白居易没有表达完的意思，接着表达出来一般。而其间辗转腾挪，高潮迭起，用自己的豪情一扫白居易诗中的颓废之气，让人读了，不由得有慷慨奋起之志。

永贞元年九月，刘禹锡参与王叔文革新，结果半年后，革新失败，所有王叔文集团的人全都被赶出了朝廷，刘禹锡被贬为连州(今广东连州市)刺史。十月，当朝的权贵还认为这样处理刘禹锡，简直是太便宜他了，于是，再贬他为郎州(今湖南常德市)司马。长庆元年冬，刘禹锡被改任夔州(今四川奉节县)刺史。长庆四年夏，调任和州刺史。夔州属于古代巴国，郎州属于古代楚国，都是当时的荒远凄凉之地。虽然看起来官位在上升，但在那蛮荒之地，是很难做出什么成就的。再加上被当地官员监视、羁绊，只能是聊以度日而已。

从最初被贬的永贞元年，到如今两人相会的宝历二年，屈指算来，时间已经过去了二十多年，当年雄姿英发的青年，如今已经是两鬓斑白的中年，并且，即将步入人生的暮年。刘禹锡诗当中的四句，就是抚今追昔，用典抒情：怀念故旧，只能空吟向秀闻笛所作的赋；回到家乡，反倒像斧头柄烂掉的王质一样。刘禹锡有诗豪的名号，诗歌创作以大气闻名，自然不会像白居易的诗歌那样走浅显易懂之路。所以，他的诗就是句句用典，显示出一股不一般的豪情：怀念旧友，旧友已亡，只能空自哀叹；回到家乡，物是人非，自己倒像陌生人一样。

"闻笛赋"，就是向秀的《思旧赋》。向秀是魏晋之际的哲学家、文学家。三国曹魏末年，向秀的朋友嵇康、吕安因不满司马氏篡权而被安上种种罪名杀害。而嵇康在临死前，神色不变，看看行刑的时间还早，就向人索琴，弹了一曲《广陵散》。后来，在一个夕阳西下的寒冬，向秀偶然经过嵇康、吕安的山阳故居，听到邻人吹笛，眼前便浮现出嵇康临刑前"顾视日影，索琴而弹"的凛然之气，不觉感慨万端，悲从中来，写下了一首言简意赅的名篇《思旧赋》，表达自己的哀思。

此时的刘禹锡，处境与向秀类似。昔日"永贞革新"的同道王叔文、王伾、柳宗元、韦执谊、陈谏、凌准、吕温等人，都已经死于被贬的地方，只剩下刘禹锡只身北返，沉痛悲愤之情可想而知。虽然得到了皇帝的召还，但不等于自己就得胜了，目前的政治形势依然严峻，稍有不慎，就会遭遇更大的灾祸。因此，刘禹锡只得把复杂深挚的感情浓缩在极为简练的诗句中。向秀因为身处在司马氏的高压下，所以他的赋很短，但也写了300多字；而刘禹锡的用典诗句只有七个字，言有尽而意无穷，一看就知道是用典高手，一点儿都不比白居易差。

"烂柯人"，指晋人王质。据梁任昉《述异记》载：晋代的时候，有个叫王质的人到信安郡(今浙江衢州市)的石室山打柴，在山里面，看到几个童子一边下围棋一边唱歌，他觉得新鲜，就驻足听歌。其中有个童子给王质一个枣核样的东西，王质接过来，含在嘴里，就感觉不到饥饿了。过了一会儿，童子对他说："你还不离开吗？"王质也觉得该回家了，便起身去拿斧子，但惊奇地发现自己斧子的斧柄已经朽烂了。他回去后，发现家乡已经大变样，和他同年龄段的人都不在了。原来，王质进山遇上了仙人。刘禹锡用王质烂柯的典故，既暗示自己贬谪时间已经很久了，又表现了沧桑巨变带给自己的恍如隔世之感。

感叹完自己的遭遇，也算是附和了好友白居易的看法，当前朝政不堪，奸臣当道，国势似乎已经不可挽回。但刘禹锡毕竟是战士，年轻时就敢投身对抗藩镇的政治改革，自然不是那么轻易就能被厄运打倒的。所以，他的诗锋一转，开始以"沉舟""病树"自喻，对世事的变迁和仕宦的升沉，表现出相当豁达的襟怀：他这艘沉船能否被打捞出来重新航行并不那么重要，因为在他这艘船沉没的地方已有千帆安全驶过，他们会达到理想的彼岸；他这棵病树能否重新焕发生机、迎上春光也不那么重要，因为在他这棵病树的前头已经万木皆春。只要国家能够步入正轨，自己的理想愿望也就实现了。

最后两句，刘禹锡又点明酬答白居易的题意："我本来已经不想再拼搏战斗了，可是您赠送的美好诗篇又鼓舞了我，凭着您敬的这杯美酒，也使得我精神倍增。"刘禹锡的这首诗沉郁豪放，坚韧不拔，结穴豹尾，跌宕起伏，是酬赠诗中的顶级之作。

白刘赠答，整个过程严实密合，天衣无缝，而且文思流畅自然，一气呵成。可以说这首千古赠答诗，算得上是高峰独步；珠联璧合，让整个诗坛都惊叹两人的作品。

面对白诗的高峰，刘禹锡完成了超越。特别是"沉舟侧畔千帆过，病树前头万木春"，更是令人拍案叫绝。白居易对此也非常服气。后来，他在自己所编的《刘白唱和诗集解》序言中，专门把这首诗拿出来解说："彭城刘梦得，诗豪者也。其锋森然，少敢当者。予不量力，往往犯之。夫合应者声同，交争者力敌。一往一复，欲罢不能。""梦得梦得，文之神妙，莫先于诗。若妙与神，则吾岂敢？如梦得'雪里高山头白早，海中仙果子生迟''沉舟侧畔千帆过，病树前头万木春'之句之类，真谓神妙矣！在在处处，应有灵物护持。""沉舟侧畔千帆过，病树前头万木春"简直就不是凡人所能写出来的妙句，而是仙界灵物护持，才能让刘禹锡写出来。

这一场较量，白居易落了下风，但还算不上走麦城。从诗的格局上看，白居易显然不是刘禹锡的对手。白居易和刘禹锡之后多有诗歌唱和往来，而这些唱和的诗歌，也都不可避免地带有两人暗地里争锋的色彩。

第四节　超越时代的巅峰之作

白居易和刘禹锡在诗歌三大题材上，可谓不分伯仲，均占有一席之地，而在咏史诗歌方面，白居易却输给了刘禹锡。

咏史诗，是有名气的诗人都很关注的题材。诗言志是诗歌存在的理由，而这个"志"的阐发，就有很大篇幅是和评论历朝历代的人物、事迹有关的。所以，从大唐诗歌内容看，咏史诗占有很大的篇幅，也非常受到诗人的重视，几乎每个有名望的诗人，都会有几首拿得出手的咏史诗为自己扬名立万。

从白居易的性格看，咏史诗是他的弱项，因为他不是那种在政治上迎难而上的斗士，更多的是选择退避和明哲保身，不同流合污就是他的政治底线。这样的人，对于历史过往的事件和人物看法，自然不会过于激烈，而且，他的着眼点都注重在对贫苦大众的同情上。

《长恨歌》是白居易最具心血的作品，也具有一定的评论前期帝王政治得失的价值，但有谁会认为这是一首咏史诗呢？人们看到的更多的是对帝王爱情悲剧的同情，想要从中找到对国家政治治理的借鉴，虽然不是完全不可能，但也没什么值得借鉴的意义。所以，他的咏史诗很难具有总结历史经验的水准，至多只能是一种个人修养和说教。

白居易在被贬江州途中，写过一首评论历史的诗：

赠君一法决狐疑，不用钻龟与祝蓍。

试玉要烧三日满，辨材须待七年期。

周公恐惧流言日，王莽谦恭未篡时。

向使当初身便死，一生真伪复谁知？

——白居易《放言五首》（其三）

这首诗是写给好友元稹的，因为两人前后被贬，所以，自然对朝廷的做法有些看法。

但如何表明自己的心迹呢？白居易选择的是等待和忍让：我送给你一个鉴别事物真假的办法，既不需要钻凿灼烧龟甲产生裂纹去做预测，也不用拿起蓍草占卜来问天地，什么方法呢？那就是宝玉也好，优秀的材质也好，都必须得经过一定的时间考验才能识别出来。因此，当年周公忠心耿耿辅佐成王的时候，有多少流言说他怀有篡位的阴谋？但最终人们还是看出了周公的忠心赤胆，高尚品格；又比如当年王莽辅佐不过九岁的西汉平帝，表现得多么谦恭敦厚，礼贤下士，可又有谁知道他后来居然会篡位自立呢？看起来，一个人的为人还真是猜不透啊，大家想想，如果周公和王莽都在大家没弄清楚真相的时候就去世了，那么他们真正的为人处世的品格就没人能够知道了。很显然，白居易认为这满朝掌权的人，把自己和元稹这样的人赶出朝廷，是为公吗？还是交给时间去检验吧。周公那样的圣人，也被人误解过；王莽那样的奸雄，也被人当成过圣人，更何况你我呢？

一首咏史诗，在白居易这里成了具有哲理意味浓厚的说教文，这在白居易的咏史诗里，已经算是写得非常好的了。而"周公恐惧流言日，王莽谦恭未篡时"，也因此成了至理名言，算是无心插柳吧。

白居易被贬官，不是其仕途常态，而刘禹锡的一生，几乎就是在贬谪中度过的。更何况，刘禹锡被贬的原因是直接和政治有关的。

因此，他的际遇，使得其对历史兴亡交替，有着直接的感受。再加上刘禹锡自身不认输的斗士性格，使得他在创作咏史诗时，格局和气度都要高出白居易许多。

《西塞山怀古》是刘禹锡从夔州调往和州担任刺史时，经过西塞山时，想到古今兴废的历史往事，尤其是三国归晋时在此处发生的渡江大战，触景生情，写下的一首感叹兴亡的咏史诗。

王濬楼船下益州，金陵王气黯然收。千寻铁锁沉江底，一片降幡出石头。人世几回伤往事，山形依旧枕寒流。今逢四海为家日，故垒萧萧芦荻秋。

白居易看了刘禹锡的这首《西塞山怀古》诗后，大为敬佩，承认刘禹锡才是当下大唐诗坛的"真汉子"，而自己只是"小清新"而已。

第五节　才情比拼的谢幕

有人的地方就有江湖，江湖少不了争斗，文人间的江湖，虽说不会是刀光剑影般厮杀，见血封喉般凶残，但相互之间要争一个胜负，还是存在的。白居易和刘禹锡之间，诗歌唱和，不仅仅只是一种应酬，也是一种高低上下争雄的交锋。这一点，白居易说得非常明白。

刘禹锡的诗歌题材非常广泛，在这方面，和白居易有得一拼。在叙事长诗上，白居易有《长恨歌》为自己添彩，但毕竟说的是帝王风流，普通人只能远观，激不起内心的同感。但即使这样，刘禹锡也不愿让白居易独美，所以，他也创作了一首长诗，而且不是写帝王风流的，是写普通人的情感遭遇和生活的不幸的。这就是《泰娘歌》。

泰娘是一位歌伎，她很会弹琵琶，过去跟着主人住在繁华的洛阳，生活很优渥。后来主人死了，泰娘没了依靠，孤苦伶仃，一个人流落边地，天天抱着琵琶哭。

刘禹锡是很多情的。他遇到泰娘，听到她的琵琶，同情她的遭遇，就为她写下了这首266个字的长诗，描绘了她的坎坷命运。

泰娘家本阊门西，门前绿水环金堤。有时妆成好天气，走上皋桥折花戏。风流太守韦尚书，路傍忽见停隼旗。斗量明珠鸟传意，绀幰迎入专城居。长鬟如云衣似雾，锦茵罗荐承轻步。舞学惊鸿水榭春，歌传上客兰堂暮。从郎西入帝城中，贵游簪组香帘栊。低鬟缓视抱明月，纤指破拨生胡风。繁华一旦有消歇，题剑无光履声绝。洛阳旧宅生草莱，杜陵萧萧松柏哀。妆奁虫网厚如茧，博山炉侧倾寒灰。蕲州刺史张公子，白马新到铜驼里。自言买笑掷黄金，月堕云中从此始。安知鹏鸟座隅飞，寂寞旅魂招不归。秦嘉镜有前时结，韩寿香销故箧衣。山城少人江水碧，断雁哀猿风雨夕。朱弦已绝为知音，云鬓未秋私自惜。举目风烟非旧时，梦寻归路多参差。如何将此千行泪，更洒湘江斑竹枝。

泰娘住的地方环境很好，门前有绿水环绕。她有时遇到好天气，就会化上妆，到皋桥上去游玩、赏花。有一次，遇到了风流的韦尚书，一下子就喜欢上了她，专门准备了厚礼，把她买到了自己家里。从此以后，泰娘就过上了幸福的生活。

她长长的头发如同飘浮的白云，衣裳穿在身上，仿佛笼罩上了一层雾，所穿的绫罗绸缎不再只是为了打扮，而是为了衬托她轻盈的舞步。她的舞技高超，跳动的舞步就像一只受惊的飞鸟掠过，动听的歌声，让最尊贵的客人流连忘返，在厅堂里只待到暮色苍茫，也忘记了回家。后来，她随着尚书来到了长安，依然过着繁华的生活。

只是没想到繁华的日子也会走到尽头，洛阳那豪华的住宅现在已经是荒草丛生，就如同帝王陵墓肃杀的气氛使得松柏都在哀叹。再看看以前常用的妆奁上厚厚的蛛网如同蚕茧，因为缺少了依靠，只能过着饥寒交迫的日子。后来，泰娘遇到了品行轻薄的张公子，好歹有了依靠。但这种有依靠的日子也不长久，等到张公子一死，泰娘就陷入了无边的苦难之中。

她流落到山城，这里的人整日为生活奔波，有谁能懂得欣赏她的舞姿和歌喉呢？如今，泰娘因为缺少欣赏自己的知音，已经不再弹琴唱歌了，而这就导致她缺少生活来源，一件秋衣穿了许多日子，也没能更换。举目四望，所见风烟都与旧日的繁华大有不同，在梦里想找到回归的路，却常常找不到方向。现在每天只能在回忆中生活，那哀伤的眼泪和才能一起洒向湘江，如同禹王的两位爱妃的眼泪一样，落在湘江的翠竹上，不如此，有谁能知道泰娘的苦衷呢？

这首诗写成后，立刻引起了轰动，一时间成为中唐叙事长诗的代表。后来杜牧等人的很多诗都受到了《泰娘歌》的影响。

白居易自然也会看到刘禹锡的这首长诗，他除了赞叹老友过人的才气，并没有写诗唱和。但他内心并不会轻易服气，而是在等待着，等着一个机会，一个也能让自己写出酣畅淋漓的长诗的机会。

转眼几年过去，白居易到江州当司马，司马是刺史的副手，听起来似乎品级很高，但其实多半是安置戴罪官员的，再加上白居易是被贬，在一干趋炎附势的官员眼里，也是一个戴罪的官员了。所以，品级虽高，但白居易并没有得到应有的优待，只能在江州打发日子而已。这一次被贬到江州，对白居易的打击很大，使得他彻底丧失了在仕途上的进取心，情绪也变得消沉了。

到了元和十一年，一个萧瑟的秋天，在江西北部的浔阳江头，身为江州司马的白居易也遇到了一个歌伎，与泰娘一样的身世坎坷，一样的会弹琵琶。于是，同样多情的白居易也流着眼泪，拿起了笔，写下了一首诗。

在动笔的一刻，白居易心里大概已知道，同样的题材，同样的长诗，这一次，自己将不会落下风了，而《泰娘歌》也会被自己的诗灭掉了。这首诗就是唐诗中一座难以逾越的丰碑——《琵琶行》。

浔阳江头夜送客，枫叶荻花秋瑟瑟。主人下马客在船，举酒欲饮无管弦。醉不成欢惨将别，别时茫茫江浸月。忽闻水上琵琶声，主人忘归客不发。寻声暗问弹者谁？琵琶声停欲语迟。移船相近邀相见，添酒回灯重开宴。千呼万唤始出来，犹抱琵琶半遮面。转轴拨弦三两声，未成曲调先有情。弦弦掩抑声声思，似诉平生不得志。低眉信手续续弹，说尽心中无限事。轻拢慢捻抹复挑，初为《霓裳》后《六幺》。大弦嘈嘈如急雨，小弦切切如私语。嘈嘈切切错杂弹，大珠小珠落玉盘。间关莺语花底滑，幽咽泉流冰下难。冰泉冷涩弦凝绝，凝绝不通声暂歇。别有幽愁暗恨生，此时无声胜有声。银瓶乍破水浆迸，铁骑突出刀枪鸣。曲终收拨当心画，四弦一声如裂帛。东船西舫悄无言，唯见江心秋月白。沉吟放拨插弦中，整顿衣裳起敛容。自言本是京城女，家在虾蟆陵下住。十三学得琵琶成，名属教坊第一部。曲罢曾教善才服，妆成每被秋娘妒。五陵年少争缠头，一曲红绡不知数。钿头银篦击节碎，血色罗裙翻酒污。今年欢笑复明年，秋月春风等闲度。弟走从军阿姨死，暮去朝来颜色故。门前冷落鞍马稀，老大嫁作商人妇。商人重利轻别离，前月浮梁买茶去。去来江口守空船，绕船月明江水寒。夜深忽梦少年事，梦啼妆泪红阑干。我闻琵琶已叹息，又闻此语重唧唧。同是天涯沦落人，相逢何必曾相识！我自去年辞帝京，谪居卧病浔阳城。浔阳地僻无音乐，终岁不闻丝竹声。住近湓江地低湿，黄芦苦竹绕宅生。其间旦暮闻何物？杜鹃啼血猿哀鸣。春江花朝秋月夜，往往取酒还独倾。岂无山歌与村笛？呕哑嘲哳难为听。今夜闻君琵琶语，如听仙乐耳暂明。莫辞更坐弹一曲，为君翻作《琵琶行》。感我此言良久立，却坐促弦弦转急。凄凄不似向前声，满座重闻皆掩泣。座中泣下谁最多？江州司马青衫湿。

秋夜的白居易到浔阳江头送一位归客，冷风吹着枫叶和芦花秋声瑟瑟。

白居易和客人下马在船上饯别设宴，举起酒杯要饮却无助兴的音乐。月光的清辉如同刀光一样，在这寂静的夜晚，更让白居易感到一种凄凉。仕途失意，朋友远离，自己要在这陌生的江州孤独地度过不知要多久才能结束的流放生活。想到这里，他和朋友更不愿意就此分离，只希望能多相聚一刻才好。

分离终究要来临，离别的愁绪，使得想要大醉一场的愿望也难以实现，想着即将分别的凄惨，更是让人忍不住要痛哭一场。再看看夜色茫茫的江水，只有点点渔火和明月倒映，更觉寂寥。

这时候，忽然听到江面上传来琵琶清脆声，那琴声如此悠扬，似乎在诉说着一个悲惨的故事。白居易被琴声打动了，忘记了要向朋友告辞，而朋友也忘记了自己要启程，他们久久地沉醉在这琴声里。良久，白居易才想着要知道到底是谁在弹琴。于是，寻着声源探问弹琵琶的是何人？琵琶停了许久却迟迟没有动静。

这更引起了白居易的好奇心，于是，他和朋友移船靠近邀请她出来相见，又叫下人添酒回灯，重新摆起酒宴。在白居易等人盛情邀请下，经过千呼万唤，弹琵琶的女子才缓缓地走出来，怀里依然抱着琵琶，半遮着脸面。

琵琶依然被她抱在怀里，琴声依然悠扬动人，只见她转紧琴轴拨动琴弦试弹了几声；尚未成曲调那形态就让人着迷，感觉非常有情。

弦弦凄楚悲切声音，让人觉得她不仅仅只是弹琴那么简单，而是隐含着沉思。似乎在诉说着她种种的平生不得志，她低着头随手连续地弹个不停，心中无限的往事都通过琵琶在倾吐、说尽。轻轻地拢，慢慢地捻，一会儿抹，一会儿挑。

初弹《霓裳羽衣曲》接着再弹《六幺》。大弦浑宏悠长嘈嘈如暴风骤雨；小弦和缓幽细切切如有人私语。嘈嘈声切切声互为交错地弹奏，就如同大珠小珠一样，串串掉落玉盘。

琵琶声一会儿像花底下婉转流畅的鸟鸣声，一会儿又像水在冰下流动受阻艰涩低沉、呜咽断续的声音。好像山泉冷涩琵琶声开始凝结，凝结而不通畅声音渐渐地中断。像另有一种愁思幽恨弥漫开来，此时闷闷无声却比有声更动人。突然间好像银瓶撞破水浆四溅，又好像铁甲骑兵厮杀刀枪齐鸣。一曲终了她对准琴弦中心划拨，四弦一声轰鸣好像撕裂了布帛。

如此的技艺，让两艘船上的人都听得入了迷，只见江心之中映着秋月的影子，一切都感觉不到了。等到她弹完了，沉吟着收起拨片插在琴弦中，整顿衣裳依然显出庄重的颜容，然后才开始介绍自己的凄惨身世。

她原是京城负有盛名的歌女，老家住在长安城东南的虾蟆陵。弹奏琵琶技艺十三岁就已学成，教坊乐团第一队中列有她的姓名。每曲弹罢都令大家叹服，每次妆成都被同行歌伎们嫉妒。京都豪富子弟都以能欣赏到她的技艺感到荣耀，总是争先恐后来献彩。弹完一曲收来的红绡，自己都不知道有多少。

在那歌舞升平、醉生梦死的日子里，钿头银篦经常因为打节拍而断裂粉碎，名贵的红色罗裙因为在喝酒过程中被酒渍染污也不后悔。就这样，年复一年的日子都在欢笑打闹中度过，秋去春来美好的时光也因此而白白消磨。

终有一天，兄弟从军姊妹死去家道已经破败，暮去朝来我也渐渐地年老色衰，不再引人注目。以前门庭若市的景象不再出现，渐渐地，门前车马减少光顾者落落稀稀，青春已逝，我只得嫁给商人为妻。商人重利不重情常常轻易别离，上个月他去浮梁做茶叶的生意，只留下我在江口孤守空船，秋月与我做伴，每日里，只能看着绕舱的秋水，心情觉得无比凄寒。在深夜常梦少年时作乐狂欢，梦中哭醒涕泪纵横污损了粉颜。

白居易听了她的琵琶的悲泣早已摇头叹息，又听到她这番诉说更叫他感到悲凄。可以说，两人同是天涯沦落的可悲人。今日在这里相逢，何必问当年是否曾经相识！想想自己去年离开繁华长安京城，被贬居住在浔阳江畔常常卧病。浔阳这地方荒凉偏僻没有音乐，一年到头听不到管弦的乐器声。住在溢江这个低洼潮湿的地方，第宅周围黄芦和苦竹缭绕丛生。在这里早晚能听到的是什么呢？尽是杜鹃猿猴那些悲凄的哀鸣。就是在春江花朝秋江月夜那样的好光景里，我也无可奈何常常取酒独酌独饮。难道这里就没有山歌和村笛吗？只是那音调嘶哑粗涩实在难听。今天晚上，终于听你弹奏琵琶诉说衷情，就像听到仙乐眼也亮来耳也明。请你不要推辞坐下来再弹一曲，我要为你创作一首新诗《琵琶行》。

那女子被白居易的话所打动，她站立了好久，回身坐下再转紧琴弦拨出急声。

凄凄切切不再像刚才那种声音，在座的人重听都掩面哭泣不停。要问在座之中谁流的眼泪最多？那就是江州司马，已经泪水湿透青衫衣襟！

一首《琵琶行》出世，怀抱琵琶的女人代替了舞姿歌喉俱佳的泰娘，闯入了无数人的胸怀。"同是天涯沦落人，相逢何必曾相识"，又能引起无数人眉梢间的情思，漂泊是苦，但能遇到知音，那又何妨？

《琵琶行》和《泰娘歌》一样，在内容上也有对技艺地描述，也有对过去繁华生活的依恋，但在最后的着眼点上，白居易不仅和刘禹锡一样寄予了同情，还在身份不同之间传递了自己的感情，这是刘禹锡那种豪放之人所忽视的。所以，千百年来，白居易的《琵琶行》脍炙人口，而刘禹锡的《泰娘歌》只能位居其后了。

所以，白居易和刘禹锡之间的才情比试，说明了一个真理：世界上，不可战胜的诗人是不存在的，但伟大的作品却万古流芳。

第六节 人间最重是友情

　　白居易、元稹、刘禹锡是最为相知的朋友，三人最为著名的诗篇，几乎都是在相互间唱和时产生的。在三人中，白居易和刘禹锡同岁，元稹最小。但最先离开人世的却是小老弟元稹，而白居易和刘禹锡也已经走进老年，共同面对人生的夕阳。

　　在晚年，白居易和刘禹锡最为相投，两人不仅在诗坛上是旗鼓相当的诗人，在工作上两人也是搭档。白居易官居东都太子少傅，刘禹锡则是太子宾客，这些都是闲散的官职，不负责什么政务，对于老午的白居易和刘禹锡来说，正好优游卒岁，尽享晚年。

　　人生有如此年龄相仿、性情相投、才华相若的朋友，可以说是一件难以得到的荣幸。白居易和刘禹锡自然也不会辜负这上天的恩赐，二人上演了一出又一出温馨的夕阳红。

　　年颜老少与君同，眼未全昏耳未聋。

放醉卧为春日伴，趁欢行入少年丛。

寻花借马烦川守，弄水偷船恼令公。

闻道洛城人尽怪，呼为刘白二狂翁。

——白居易《赠梦得》

在诗中，白居易说从身体和年龄上看，他和刘禹锡都是一样的，幸运的是在这把年纪里，眼睛还管用，耳朵还能听得见。在春日里，他们尽可以大醉一场，只管睡觉，而出去游玩时，也不用顾忌形象，就和那些寻欢的少年人一起狂欢。他们两人的所作所为也有些为老不尊，为了看花而向人借马，弄得别人烦不胜烦；而为了过河，趁着船公不在就去偷船，让船公非常生气。整个洛阳城的人都说他们两个老头是怪物。

就这样，两人尽情地挥洒着在一起的快乐，享受着来之不易的相聚。而在这相聚的时刻，两人的诗情勃发，互相赠答的诗就有138首之多，白居易还为此出了一本书《刘白唱和集》，先后编集四次，可见两人来往之频繁，唱和的诗歌作品之多。

在这本诗集里，白居易记录了自己和刘禹锡晚年交往的诸多细节。对于他们来说，诗歌就是通往对方灵魂的高架桥，没有什么可以阻挡他们两人的交往。

前日君家饮，昨日王家宴。

今日过我庐，三日三会面。

当歌聊自放，对酒交相劝。

为我尽一杯，与君发三愿。

一愿世清平，二愿身强健。

三愿临老头，数与君相见。

——白居易《赠梦得》

　　这是一首最能反映白居易语言特色的诗歌，全诗平白如话，一看就能懂。虽然看起来都是一些不起眼的小事，但对于两个平生相知的老人来说，如此交往，又怎能不让旁人感到羡慕呢？

　　人生匆匆数十载，追求的和抛弃的，得到的和失去的，在时光面前，都算不了什么。只要能在暮年时期，拥有真正的友谊，又有什么可遗憾的呢？

　　会昌二年，七十岁的刘禹锡病逝于洛阳，这对于正处古稀的白居易来说是一次沉重的打击。怀着悲痛的心情，他写下了悼诗：

四海齐名白与刘，百年交分两绸缪。

同贫同病退闲日，一死一生临老头。

杯酒英雄君与操，文章微婉我知丘。

贤豪虽殁精灵在，应共微之地下游。

——白居易《哭刘尚书梦得二首》（其一）

　　白居易和刘禹锡都是提倡新乐府诗歌的代表人物，一个

208

被称作"诗王"，一个被称作"诗豪"，因此，在当时，又有谁敢说自己在诗歌的成就上超出他们呢？所以，白居易才说自己和刘禹锡是当代最负盛名的诗人。而两人的交情持续时间之长，也是当世少有，有如稠酒一般，令人陶醉。由此可见，两人的感情非常深厚。

如今，老友仙逝，从此天人两隔，回想当年，自己和刘禹锡一样，又穷又病，可以说是同病相怜。到现在临到老了，老朋友却先我一步，言下之意，白居易是恨不能与刘禹锡同年同月同日死。

如何评价老友在诗坛上的地位呢？白居易毫不吝啬对刘禹锡的赞美。诗豪需要有一个参照物，才能显现出伟大。白居易开篇宣示当今诗坛齐名的人就是自己和刘禹锡，接着借用曹操、刘备煮酒论英雄的典故，把刘禹锡奉为当今诗坛和政坛的英雄。而在文章成就上，则更是把刘禹锡比作像圣人孔子一般的人物。

最后，白居易感叹，自己最相知的两位好朋友元稹、刘禹锡都离开了人世，只剩下自己孤零零地活着。虽然活着，但白居易却非常羡慕两位离世的老友。因为刘禹锡是一位难得的豪杰人物，虽然去世，但英魂犹在，也就可以和元稹一起，在仙界里畅游了。

望着老友的灵堂，一首祭奠的哀诗，写尽了白居易对老友的思念。友谊虽然到此为止，但弥漫在他们之间的情意，却将永远伴随着他们。

第七章

归去，

清风明月泛舟游

第一节　只留西湖惠天下

　　白居易一生当官的时间比较长，自从科举及第后，他就没有脱离过官场。在早期当过小官后，以后的官阶逐渐走高，但这不等于说白居易仕途顺利，相反，由于施政理念与朝廷不合，他的官员生涯是相当不顺的。所以，多年的宦海生涯，已经让白居易对大唐政治完全失望了，而身在中央政府，他又多次目睹大员们之间为权势富贵相互倾轧，置国家大事于不顾，这些所见所感更让他心寒。此时的白居易早就不是当初怀着一腔热血的激情少年了。于是，他就有了归隐之心。

　　"宦途堪笑不胜悲，昨日荣华今日衰。转似秋蓬无定处，长于春梦几多时。"荣华富贵只是一场终究要醒来的春梦，一旦梦醒，就什么都没有了，看透了，还有什么可留恋的吗？

　　白居易有想走的心，却依然被官场绊住了身。此时，一

213

直看不惯他的宪宗皇帝刚刚驾崩，穆宗皇帝即位。新皇帝上任，朝纲不可大动，不然，惹得新皇帝不高兴，就不是走和留的问题了。

虽然白居易无法归隐山林，但他也不想在中央政府待下去。于是，他向穆宗皇帝提出外派到地方政府去做官。在大唐时代，关中一带是最繁盛、发达的地方，集中了全国大部分人口和财富，外派任何一个地方，对于朝廷官员来说，都是一种贬谪。因此，没有什么人愿意离开长安而去外地当官。

在白居易的官宦生涯中，已经有过外派的经历，而这一次外派还是他自己主动要求的，所以在外派这件事情上，他有着一定的主动权。在地方选择上，白居易将目光落在了江南。

江南一直是白居易心中最柔弱的地方，少年时代经历的江海漂泊，就是从江南开始的。江南的山水风光，已经融进了他的灵魂里。如今，年岁已大，江南多次在梦里召唤，白居易知道这是自己该回去的时候了。于是，他请求外派到杭州去当刺史。

离开了长安，白居易的心情是舒畅的，路还是原来的路，但荡漾的春风里，白居易眼里所见，都是妩媚多情的光景。当他走到蓝田的清源寺时，想到多年以前，自己被贬江州时，也是在这里借宿。如今，时光荏苒，而庙宇依旧。他不禁多有感慨，提笔写下了一首诗：

往谪浔阳去，夜憩辋溪曲。

今为钱塘行，重经兹寺宿。

尔来几何岁，溪草二八绿。

不见旧房僧，苍然新树木。

虚空走日月，世界迁陵谷。

我生寄其间，孰能逃倚伏。

随缘又南去，好住东廊竹。

——白居易《宿清源寺》

当年和今日，都在此地驻留，时光流逝，已经忘记了岁月，只记得这岸边的小草已经几回茂盛枯荣。眼前一片新生长的树木，取代了过去寺庙里和尚的住处。人世间沧桑巨变，谁都无法躲过。今天又得逢到江南去的机缘，总算是又看到了当年在这里的青青翠竹。

与上一次的贬谪不同，这一次白居易是带着无形的钦差大臣的头衔上任的。因为白居易名头大，属于先皇老臣，这一次是主动提出外迁，所以，穆宗皇帝不想委屈他，而是给予他实权，期望他在江南能有所建树，为财政紧张的中央政府提供稳定的财源。这样的重任，交给白居易这样的官员去做，穆宗是放心的。

这一次外放，与上一次外放江州，对于白居易而言，是大不相同的。在江州当司马时，他对仕途上进已经绝望，因此，这一次外放杭州，他心底坦然，甚至有如释重负之感。

在赴杭州的途中，他写下了一首诗：

处世非不遇，荣身颇有馀。勋为上柱国，爵乃朝大夫。
自问有何才，两入承明庐。又问有何政，再驾朱轮车。勑予
东山人，自惟朴且疏。弹琴复有酒，且慕嵇阮徒。暗被乡里
荐，误上贤能书。一列朝士籍，遂为世网拘。高有罾缴忧，
下有陷阱虞。每觉宇宙窄，未尝心体舒。蹉跎二十年，颔下
生白须。何言左迁去，尚获专城居。杭州五千里，往若投渊
鱼。虽未脱簪组，且来泛江湖。吴中多诗人，亦不少酒酤。
高声咏篇什，大笑飞杯盂。五十未全老，尚可且欢娱。用兹
送日月，君以为何如。秋风起江上，白日落路隅。回首语五
马，去矣勿踟蹰。

——白居易《马上作》

离开了中央政府这个是非窝，白居易不觉得有什么遗
憾，即使为此放弃了高贵的爵位。

杭州虽远，但有自由，还有很多与自己一样的诗人，
可以相聚、饮酒、吟诗。而且幸运的是白居易现在只有五十
岁，还不算太老，还有精力欢娱，现在，他只忧心他的马走
得太慢了，希望它能理解他的心情，快一点送他到杭州。

走进水乡，换马乘船，白居易心情不能自已，又写了两
首诗寄给朋友：

秋水浙红粒，朝烟烹白鳞。

一食饱至夜，一卧安达晨。

晨无朝谒劳，夜无直宿勤。

不知两掖客，何似扁舟人？

尚想到郡日，且称守土臣。

犹须副忧寄，恤隐安疲民。

期年庶报政，三年当退身。

终使沧浪水，濯吾缨上尘。

——白居易《初下汉江，舟中作，寄两省给舍》

  这一次外放，再也不用早早上朝，等着皇帝召见应对了。更不用说，还逃离了夜晚值班的辛苦。等待三年郡守日期满了，就可以归隐。这样，终日可以用沧浪之水，洗涤帽子上的灰尘。归隐林下，泛舟沧浪，是当时文人的心愿，也是白居易最盼望的归宿。

  船过九江，白居易又旧地重游，当初在江州当司马时，曾在浔阳江与琵琶女相会，留下了千古绝唱《琵琶行》。当时的心情是灰暗的，所以才有天涯沦落人之感。现在，自己又故地重游，所幸的是当年在江州认识的朋友都还记得自己，当大家在一起谈论当年白居易在这里写诗、生活时的情景时，又让白居易分外感动："青山满眼在，白发半头生。又校三年老，何曾一事成。……郡民犹认得，司马咏诗声。"时光如电，转眼间，韶华已逝，自己又生了白发，但欣喜的是这里的父老还认得当初的司马，这就让白居易感到很满足了。

九江风景秀丽，还有天下闻名的庐山，当年，白居易心情郁闷，所以看山不是山，只有一种沦落客的郁闷心理。如今，已经勘破官场沉浮，再看山，就是青翠满目，一派迷人风光。为此，他特地在香炉峰下的遗爱堂住了一晚，见这里草木葱茏，池荷依旧，恍如隔世。

由于心情急迫，所以白居易觉得水路之行太过漫长，恨不得一步就到杭州上任。但再想想自己这么多年的遭遇，不由得又嘲笑自己的性急了。自己都打算归隐了，又何必着急去建立什么功业呢？

日高犹掩水窗眠，枕簟清凉八月天。

泊处或依沽酒店，宿时多伴钓鱼船。

退身江海应无用，忧国朝廷自有贤。

且向钱塘湖上去，冷吟闲醉二三年。

——白居易《舟中晚起》

国家大事就让那些贤臣去操心吧，他只需要到美丽的钱塘湖上去，在那里过上两年吟诗醉酒的日子，就可以安享天年了。

第二节 诗情画意醉江南

长庆三年十月，白居易到了杭州。能到江南担任地方大员，白居易对穆宗心怀感激，一丝不苟地投入工作当中。他拟订了有效的工作方案，尤其在农业生产方面，更是十分用心，使得杭州对中央政府的粮食供应没有出现什么问题。

公务之余，白居易就沉浸在杭州的山水之间，江南的美景，早就浸淫在他的骨子里。以前只能在梦里畅游江南，如今身在江南，自然不能错过。

平旦起视事，亭午卧掩关。

除亲簿领外，多在琴书前。

况有虚白亭，坐见海门山。

潮来一凭槛，宾至一开筵。

终朝对云水，有时听管弦。

持此聊过日，非忙亦非闲。

山林太寂寞，朝阙空喧烦。

唯兹郡阁内，嚣静得中间。

——白居易《郡亭》

在杭州的日子是愉快的，除了一些闲杂的公事外，多余的时间全都寄托在琴、书上。这里还有精致的亭阁，在这里是观钱塘潮最好的地方，只要凭栏而望，就能领略到钱塘潮的雄浑。每天对着云水畅谈，或者听听音乐，真是舒适无比。山林之间，太过安静，而身处朝堂，又太过喧嚣。只有在这里，才是最好的。

白居易很欣赏这种闹中取静的中间状态，心情自然也更加愉快了。

春天，正是西湖最美好的季节。白居易自然也不会错过春天杭州的美景。杭州无处不美景，尤其在美好的春日里，一切都欣欣向荣，山水所展示出的柔情，更能让人觉得心旷神怡。如此美景，自然不能辜负诗人的才情。于是，一首《钱塘湖春行》就从白居易的心底流出了：

孤山寺北贾亭西，水面初平云脚低。

几处早莺争暖树，谁家新燕啄春泥。

乱花渐欲迷人眼，浅草才能没马蹄。

最爱湖东行不足，绿杨阴里白沙堤。

——白居易《钱塘湖春行》

孤山寺和贾亭都处在钱塘江畔，白居易骑着马，在荡漾的春风里，缓缓而行，正好可以欣赏这一派湖光山色。

春水初涨，水面与堤岸齐平，空中舒卷的白云和湖面荡漾的波澜连成一片，这种水态天容的春湖景色，只有江南才有，别的地方是见不到的。此刻，这种平静的水面与天上低垂的云幕构成了一幅宁静的水墨西湖图，而正当白居易默默地观赏西湖那静如处子的神韵时，耳边却传来了阵阵清脆的鸟鸣声，打破了他的沉思，于是他把视线从水云交界处收了回来，从而发现了自己实际上是早已置身于一个春意盎然的美好世界中了。

莺在歌，燕在舞，春天的勃勃生机随处可见。黄莺和燕子都是春天的使者，黄莺用它婉转流利的歌喉向人间传播春回大地的喜讯；燕子穿花贴水，衔泥筑巢，小鸟们都如此忙碌，人就更应该珍惜春天的光阴了。

作为刺史，白居易难得有如此清闲的一刻，虽然还是早春，没有出现花团锦簇的景象，但东一团西一簇的野花，也能吸引他的注意。虽然花色杂乱，但却依然让白居易在春天里迷失了自己，陶醉在春景当中，春草也没有长得太过茂盛，仅只有没过马蹄那么长。

虽然是早春，但春天里生命的萌动，却让白居易感受到了春天在召唤他。树上的黄莺一大早就忙着抢占最先见到阳光的"暖树"，生怕晚了，就赶不上了。而不知是谁家檐下的燕子，此时也正忙个不停地衔泥做窝。黄鹂作为春天里的歌唱家，也不肯清闲。在它们婉转的歌声里，春天的妩媚更让人陶醉。而燕子是候鸟，是春天里回家的鸟，此刻，它们正忙着重建家园，迎接一年里的新生活。看着它们飞进飞出忙乱的景象，让白居易感受到了生命的美好。

五颜六色的鲜花在开放，在湖光山色的映衬下，千姿百态，争奇斗艳，白居易投入到了如此美景当中，一时不知道该把自己的视线投向哪里才好，也无从分辨出个高下优劣来，只觉得眼也花了，神也迷了，真是美不胜收，应接不暇。

杭州西湖的春景是美丽的，作为天堂之地，不同的人都能发现其不同的美。作为尽责的刺史，白居易不可能有太多的闲暇时光来欣赏西湖的美，而在早春，公事不是那么繁忙，才能让他忙里偷闲，来赏玩一下西湖的春天。正是因为春天尚早，春意还没有完全显现，所以，白居易只能看到几处早莺以及不知道是谁家的新燕。但在白居易的眼里，少有少的好处，正因为少，才是"早莺"，才是"新燕"，才有争夺春意的景象，才能让人感到一种盼望春天来临的喜悦。而正因为白居易具有一种年轻的心态和热爱生命与春天的胸怀，才会被这为数不多的报春者所打动，所陶醉。

江南是白居易留下青春的地方，如今又回来了，虽然青春的时光不再，但青春的心灵依旧。正是在青春的驱使下，白居易笔下的江南才是他远离党争、寻找身心独善的最佳之地。

白居易不是那种没有理政才能的庸官，在他眼里，西湖不仅是用来观赏的，还是有关民生的生命之湖。因为西湖周边的农田，全都仰仗西湖的水来灌溉。但是，西湖面积不大，再加上杭州春天多雨，很容易引起湖水泛滥，淹没农田；而到了夏秋季节，又会干旱，使得湖水不足，无法保证农田用水需要。白居易经过详细考察后，决定采取措施，疏浚西湖，扩大水域面积，以求彻底解决西湖所面临的水旱矛盾。

但白居易的主张遭到了地方官员的反对，他们认为疏浚西湖，扩大西湖水域面积，不利于在湖里养鱼和种植莲藕、菱角。白居易当即驳斥说，鱼虾、莲藕和菱角与民生相比，哪一个重要？此外，在西湖中间高地处，还有无税田数十顷。一些无良官员为了利用这些无税田谋私利，常常勾结水利官员，私自开闸放水。这样一来，就会影响蓄水规模和质量。白居易调查后，也洞察其奸，并下令堵塞泄孔，严禁任何人私自打开闸口泄洪。

就这样，在白居易亲自督导下，西湖堤岸得以加高、加固，西湖蓄水量增加，而到需要用水季节，则由官府派人，按照需求，启动闸门放水。在白居易精心治理下，西湖水灌溉的田亩数由以前的500亩增加到了1000亩，不仅增加了百姓收入、朝廷赋税，也为白居易赢得了名声。

长庆四年春，白居易被朝廷调离，不得不离开心爱的杭州。百姓听说后，都自发赶来相送。而白居易在百姓面前，检点自己在杭州几年的施政情况，觉得自己能留下治理好的西湖，也无愧于杭州的民众了。

于是，在告别之际，白居易挥毫写下了《别州民》：

耆老遮归路，壶浆满别筵。

甘棠无一树，那得泪潸然。

税重多贫户，农饥足旱田。

唯留一湖水，与汝救凶年。

——白居易《别州民》

今天，白居易要告别杭州了，很惭愧杭州的父老准备水酒满筵，拦路相送。作为地方官吏，白居易为自己在任时一无建树而惭愧，不禁潸然泪下。因为江南地方的税重，贫穷的农户很多，又因为旱田多，农民也有饥荒。对这些，白居易也无能为力，好在几年的辛苦忙碌，终于能给父老们留下一湖水，希望能在干旱之年，帮助他们度过灾荒。

白居易在杭州百姓的心里是好官，如今他要离开了，百姓们一路恋恋不舍地送别。白居易也舍不得离开杭州，他一步三回头，希望能把这里的山水永远地留在记忆深处。

第三节　隐，不求闻达

　　白居易知道自己老了，再加上他对官场的失望，使得他归隐的念头更加强烈。因此，在回到长安述职后，白居易不再盼望朝廷给予他什么高官厚禄，只希望自己能体面地退场，悠游岁月。

　　对于如何安排白居易，朝廷早有规划，既然他不愿意激流勇进，那就好安排了。于是，白居易又回到了自己仕途的起点——秘书省，自然，这一次不是当辛苦的小官校书郎，而是担任秘书监。这是秘书省的最高行政长官，但负责的事情也只是朝廷文书起草和礼仪安排一类的琐事，不太可能卷入朝廷权力争斗之中。而这一点，正合白居易的心意。

　　秘书省的工作并不繁重，这让白居易有了更多的空闲时间，再加上同道好友这时也陆续来到长安，白居易悠游岁月也有了同伴。所以，结伴去山林间游玩，就是他们最常见的组团活动。

　　距离长安不远的终南山，是白居易等人常去的地方。这里千峰叠翠，景色宜人，素有"天下第一福地"的美名。人已经老了，对有着吉瑞色彩的地方，白居易自然向往。终南山上最著名的景点是"南五台"，即观音台、文殊台、舍身台、灵应台、清凉台，几乎都和佛教有关，而这正对白居易的胃口，因为他就是一个对禅学不无兴趣的人。

登上观音台，不远处的长安城的景象，尽收眼底：

百千家似围棋局，十二街如种菜畦。

遥认微微入朝火，一条星宿五门西。

——白居易《登观音台望城》

长安城那百千家房屋的分布就像围棋盘一样，十二条大街把城市分隔得像整齐的菜田。远远望见官员们上朝打的火把，像一串星宿一样在大明宫门附近。

看完了长安城，再登上灵应台，此时，所看到的风景又不一样了，长安城，已经遮掩在大山的那一边，仿佛远离了尘世，来到了另外一个世界。而人在这大千世界里，就显得那样渺小，看着纯色的世界，白居易那充满灵性的内心，再一次向禅学靠近了：

临高始见人寰小，对远方知色界空。

回首却归朝市去，一稊米落太仓中。

——白居易《登灵应台北望》

只有站在高处，才知道人是微不足道的，只有看到远方，才明白物的空虚。再回首归于朝廷的纷争当中，就像一粒米落到了太仓之中，一切都显得那么不必要。

白居易不仅这样想，也正是这样做的。在晚年寻找心灵的寄托时，白居易选择了佛学，这正是归隐者最好的护身符。

白居易一直都对禅学抱着浓厚的兴趣，即使在他高中进士，春风得意之时，他也流露出了这种情绪。后来，在他仕途不甚得意时，他常常寄情山水，希望从禅学中寻找到心灵的依托。

在白居易看来，禅学给予他的安慰，不是什么将来死后往生极乐世界，而是对现有生活的满足。而正是在这种思想的引导下，到了晚年，白居易看淡了世事，过着悠闲舒适的半官半隐生活，经常在作诗与参禅学道中度过快乐的时光。

古往今来，文人雅士大都喜欢游赏寺庙。有唐一代，除唐玄宗对佛教有所限制外，统治者大都不同程度地推崇佛教，因此唐代文人游赏寺庙之风更甚。白居易对寺庙的兴趣由来已久。在游赏寺庙之余，他常常挥毫泼墨，即兴赋诗。

人间四月芳菲尽，山寺桃花始盛开。

长恨春归无觅处，不知转入此中来。

——白居易《大林寺桃花》

春天匆匆走远，使得人感觉有说不出的郁闷，并因此而产生怨恨之情。四月，本来是醉芳菲的季节，却因为春光走远，让人醉无可醉，赏无可赏。但是，走进大山中的寺庙，却发现这里还依然有着在春天里才有的桃花，而且花开正艳，一派春光融融的景象。从诗的本意上看，似乎只是一首珍惜春光的绝妙诗作，但白居易却表达的是另外一种崇禅的思想，那就是人间繁华短暂，只有跳出尘世，才能获得永远的春天。

白居易看破了官场，选择在老年归隐，他离开长安后，在洛阳开始了隐居的生活，而他特地把住房选在香山旁的一所寺庙的隔壁。对于他的选择，许多人都感到意外。而白居易却写诗明志："谁知名利尽，无复长安心。""敢辞官远慢，且贵身安妥。"他的功名利禄已经彻底完结，再也没有回到长安去的心情了。他现在最希望的就是平安，别的都已经放下，还需要当官干什么？只担心辞官拖延的日子太久，让他不能遂了心愿。

白居易早在做官的时候，就和一些有名望的禅师相交往，也正是在他们的引导下，白居易渐渐有了归隐的念头。在杭州当刺史时，白居易曾经拜访过当时最有名的鸟窠禅师。鸟窠禅师特立独行，他不住在房子里，而是住在一棵大树上。白居易见到鸟窠禅师，看着树上危险的鸟窠，对禅师说道："禅师的住处很危险。"

鸟窠禅师回答说："我的危险不可怕，倒是大人你的境况更危险。"

白居易不解地问："我身为要员，镇守江山，有什么危险可言？"

鸟窠禅师回答说："欲望之火熊熊燃烧，人生无常，尘世如同火宅，你陷入情识知解而不能自拔，怎么不危险呢？"

白居易若有所思，心有所悟，于是问鸟窠禅师："那如何禅解？"

禅师回答说："诸恶莫作，众善奉行。"

白居易有些不以为然地说："这种老生常谈的话，连三岁小孩都会说。"

鸟窠禅师说："虽然三岁小孩能说得，但八十岁老翁却未必能做到。"

白居易醍醐灌顶，对鸟窠禅师更加敬重，对禅学也更加有兴趣。现在，他到了老年，退出了官场纷争，自然就更有时间和心情去钻研禅学，充实老年的生活了。

居住在古庙旁边，白居易觉得心是安宁的。"目昏思寝即安眠，足软妨行便坐禅，身作医王心是药，不劳和扁到门前。"想睡就睡，走不动了就坐禅，有了这层领悟和放松，也就不需要请什么神医来为自己看病了。

第四节　固守属于自己的快乐

在当时的人眼里，对于白居易如此选择，都觉得不可思议。人年纪大了是不错，但年纪大了，就不能享受了吗？就不能当高官了吗？况且白居易虽然退居洛阳，但身份和官衔一样不低，只要稍有动作，还是可以百尺竿头更进一步的，又何必放弃呢？

普通人自然不会理解白居易的快乐之道，白居易在禅学中找到了自己人生的乐趣和归宿，并且徜徉其中，尘世的苦难已经渐渐被融化，灵魂不但净化、安详，而且也在逐步抬升。

就在白居易已经忘却了官场上的荣耀和进取之时，以前一直想渴望升官而不可得，现在，更大的官职却主动找上门来。不久，白居易被晋封为男爵，并授予刑部侍郎这一有实权的官职，这倒有些让白居易感到意外。有了贵族的爵位，这是当时读书人一生的追求，也是白居易一生的梦想。但此时，已经修炼得百毒不侵的他，对如此荣耀，已经提不起任何兴趣了。

但不管怎样，皇命难违，白居易在花甲之年，还得打起精神去赴任。刑部侍郎的官职，要承担很多具体事务，早出晚归不说，还完全没有了闲暇时间，这让白居易很不适应。"朝回北阙值清晨，晚出南宫送暮春。入去丞郎非散秩，归来诗酒是闲人。犹思泉石多成梦，尚叹簪裾未离身。终是不如山下去，心头眼底两无尘。"白居易的心已经不在那诱人的功名上了，他只想当一个以诗酒为伴的闲人，徜徉在山间林泉旁，希望心头不再缠绕尘世间的利益。

白居易的这种想法，得到了家人的支持，他们也劝白居易抽身离开官场这是非之地，免得重蹈年轻时被贬谪的覆辙。那时年轻，还扛得住。现在一把年纪了，再经受一次打击，肯定熬不住。于是，白居易就向朝廷提出自己身体不适，要请假百日。

在等待批复的日子里，白居易的在朝廷上做官的几位好友相继去世，这让白居易更感受到了生命的无常，也坚定了他要彻底离开长安的决心。

长安，帝国的首都。年少时，白居易揣着一首诗，来到长安，寻找自己的春天。如今，他却满怀怅惘，希望自己能快点离开年少时的憧憬之地。

终于，在白居易的一再坚持下，朝廷满足了他的愿望。毕竟，他已经是年过花甲的老人，也没有了进取心，强留无益，而等着上位的人数不胜数。于是，白居易被派往洛阳担任一名闲散的官员。

接到诏书后，白居易格外高兴，马上开始收拾行装。在京城中的好友纷纷前来为他送行。推杯换盏间，免不了有些离别之情，但白居易却没有丝毫的忧伤。这样的远离，正是一种精神的回归，也是他内心深处盼望的。

回到洛阳后，白居易开始重新规划自己晚年的生活。从此后，再无官场羁绊，他终于可以无忧无虑地度过晚年的安宁了。时光悠悠，岁月静好。白居易不必为日常生活而烦恼，更有时间去享受生活的恩赐。

大唐的诗人都好酒，白居易也不例外。年轻时在朝廷为官，担心喝酒误事，所以，还有些节制。现在，彻底轻松了，自然不会有什么顾虑，在喝酒上也投入了更多的精力，尤其在酿酒上，更是有心得，使得酿酒喝酒成为白居易晚年生活的一大乐趣。

白居于对于自己的酿酒技艺很自信，"旧法依稀传自杜，新方要妙得于陈"，旧的酿酒方法是杜康所传，而自己的酿酒方法是陈家妙传。

　　独醒从古笑灵均，长醉如今学伯伦。
　　旧法依稀传自杜，新方要妙得于陈。
　　井泉王相资重九，麹蘖精灵用上寅。
　　酿糯岂劳炊范黍，撇篘何假漉陶巾。

常嫌竹叶犹凡浊，始觉榴花不正真。

瓮揭闻时香酷烈，瓶封贮后味甘辛。

捧疑明水从空化，饮似阳和满腹春。

色洞玉壶无表里，光摇金盏有精神。

能销忙事成闲事，转得忧人作乐人。

应是世间贤圣物，与君还往拟终身。

——白居易《咏家酝十韵》

看得出来，白居易所自酿的美酒，无论是香味还是色泽，都是一流的，而且喝了还能长精神。得到这精妙的酿酒方法后，白居易再喝美酒，就容易多了。为了贮藏美酒，白居易还特地修了酒窖。

野鹤一辞笼，虚舟长任风。

送愁还闹处，移老入闲中。

身更求何事，天将富此翁。

此翁何处富，酒库不曾空。

——白居易《自题酒库》

白居易老了，追求的就是闲散，但是老天还眷顾他，让他成为了一个"富有"的老头子。别人都以金钱多为富有，但白居易却以他的酒库里储满了美酒为富有。

独乐乐不如众乐乐，更何况白居易是爱交友之人。美酒已成，就少不了邀请好友一起痛饮。"晚来天欲雪，能饮一杯无？"在一个大雪纷飞的夜晚，炉火掩映着新醅的绿酒，而乐天与友围炉邀饮，深情劝酒，慨然举杯，一饮而尽。这情趣，自然只有嗜酒的人才懂得。白居易每逢饮酒，必一醉方休，"共把十千沽一斗，相看七十欠三年"。一边品尝着美酒，一边唠叨着几十年的情谊，岁月就这样不知不觉地走过，但浓情却依然如美酒一样化不开。

白居易将情谊缀于酒中，在浓情酒意中与相知之人酣然畅饮，不禁使人身心俱醉，兴意悠然，这种沉浸在酒与诗意的生活，让他无比陶醉和满足。而这种对目前生活的满足，在白居易后期的作品中，都有流露。在《铭志赞序祭文记辞》中，他曾对他的妻子和侄儿说："吾之幸也，寿过七十，官至二品，有名于世，无益于人，褒优之礼，宜自贬损。我殁，当敛以衣一袭，送以车一乘，无用卤簿葬，无以血食祭，无请太常谥，无建神道碑；但于墓前立一石，刻吾醉吟先生传一本可矣。"

在人生七十古来稀的年代里，白居易对自己活过了七十岁，感到非常满意。而从个人仕途上看，他已经官居二品，这是大唐多少诗人可望而不可即的高位。虽然他在官职上也为地方治理做过许多贡献，得到了地方老百姓的赞许，但白居易还是谦虚地认为自己是无用之人，有虚名流传后世，应当贬官。他还嘱咐妻子，自己死后，不要过于铺张，节俭办丧事，不要请朝廷封什么谥号，也不要在墓前建立什么神道碑，只需要在墓前立一块石碑，上面刻上自己写的《醉吟先生传》就可以了。

这篇小传是记述白居易晚年隐居生活乐趣的一篇文章。文中，白居易自述了他悠闲常乐的生活，将自己的知足常乐思想更表现得淋漓尽致："性嗜酒，耽琴，淫诗。凡酒徒、琴侣、诗客，多与之游。……平泉客韦楚为山水友，彭城刘梦得为诗友，安定皇甫朗之为酒友。每一相见，欣然忘归。洛城内外六七十里间，凡观寺、丘壑有泉石花竹者，靡不游；人家有美酒、鸣琴者，靡不过；有图书、歌舞者，靡不观。自居守洛川及泊布衣家，以宴游召者，亦时时往。每良辰美景，或雪朝月夕，好事者相过，必为之先拂酒罍，次开诗箧。酒既酣，乃自援琴，操宫声，弄《秋思》一遍。若兴发，命家僮调法部丝竹，合奏《霓裳羽衣》一曲。……放杯自娱，酩酊而后已。"

人生之乐，美酒佳肴，赏心乐事，几个知己，白居易一个都不少，还有什么值得去追求的呢？

第五节　怡然自乐的晚年生活

晚年的白居易，常常通过与别人的对比，表达对自己生活非常满足的感情："吾生天地间，才与行不逮于古人远矣；而富于黔娄，寿于颜回，饱于伯夷，乐于荣启期，健干卫叔宝，幸甚幸甚！馀何求哉？"

作为唐代才华横溢的诗人，白居易却认为在才气方面，和古人相比，自己远远不如。但除此之外，在富贵、寿命、温饱、快乐、健康等几个方面，白居易却认为自己要比许多名垂青史的人幸运得多。

他首先从富贵方面与黔娄作比，认为自己比黔娄富裕多了。黔娄不是一般人，他是春秋时齐国的贤士和道学家，他的道家学术理论受到齐侯的重视，齐侯备下重金，专门请黔娄到朝廷做官，聘他为卿，这是百官中职位最高的品级了，但他却坚辞不受。后来鲁国国君听说了，就派人去请他出任鲁国的相国，并给他赐粟三千钟的俸禄，黔娄还是拒绝了。

不选择当官，只能安于贫困了。于是，黔娄死后，他的好友，孔子的高足曾参前往吊祭，看到黔娄停尸在破窗之下，身着旧长袍，垫着烂草席，用白布覆盖着。但遮盖身体的白布短小，盖头就露出脚来，盖上脚就露出头来。曾子见到这种情形，不禁为之心酸，就说："把布斜过来盖，就可以盖住黔娄先生的全身了。"但是，黔娄夫人却答道："斜之有余，不若正之不足，先生生而不斜，死而斜之，这会违背先生的生前意愿的。"曾参认为黔娄夫人说得很有道理，并为自己的想法庸俗而深感惭愧，于是哭得更加悲伤。

白居易认为，黔娄如此有名望，青史留名，但却家贫如洗，甚至在死后连一条完整的遮盖遗体的白布也没有，而自己与黔娄相比，有俸禄养家，是一个富裕的人了。

其次，白居易拿自己的寿命和颜渊相比，认为自己是一个长寿的人了。颜渊，名回，字子渊，春秋鲁国人，是孔子最出名的弟子，比孔子小三十岁。史记载："回年二十九，发尽白。"四十岁左右卒，人称复圣。颜渊天资非常聪颖，能闻一知十，连才智过人的子贡都认为自己和他不在一个层次上。而在生活上，颜渊因为家贫，所以生活很简陋。孔子说他："一箪食，一瓢饮，在陋巷，人不堪其忧，回也不改其乐。"住在简陋的巷子里，饮食只能维持温饱，一般的人都难以忍受这样的生活，但颜渊却还是感觉非常快乐。孔子曾问颜回，为什么不想出来做官？颜渊曰："有郭外之田五十亩，足以给馈粥，郭内之田四十亩，足以为丝麻，鼓琴足以自娱，所学于夫子足以自乐，回不愿仕也，回愿贫如富，贱如贵，无勇而威，与士交通，终身无患难。"在颜渊心目中，向孔子讨教学问，就是最大的快乐，又何必为了一时的富贵而去低声下气地求官呢？贫如富，表示知足而无欲；贱如贵，表示谦让而好礼；无勇而威，表示恭敬而不失于人。而且说话能有选择，终身无祸患。颜渊就是这样安贫乐道。

颜渊是孔子弟子中最为安贫乐道和勤奋好学的人，他为人谦恭礼让，深得孔子的器重，被认为是孔子的继承人，却不幸在四十岁时去世了。如今，同样掌握了儒家思想精髓的白居易，却已经活到了古稀之年，几乎是颜渊寿命的两倍了，还有什么不满足的呢？

再次，白居易还与伯夷比、权齐温饱，认为自己现在官居二品，和普通人相比，没有温饱的忧虑。伯夷、叔齐是商朝孤竹君的两个儿子，他们不满商纣王的暴虐统治，投奔周武王，但又不满周武王的伐纣之举，所以也不在周朝为官，不食周粟，饿死在首阳山。他们是古代有名的高洁之士，有气节，最后却因没有吃的，导致被饿死。与他们比，白居易感觉自己不会为吃饱饭而发愁，就是一个非常快乐的人了。

白居易还与荣启期比快乐，认为自己在快乐方面，一点儿也不比他少。荣启期是春秋时最快乐的人，一次，孔子看见荣启期在郕邑郊外行走，身穿鹿皮袄，腰扎绳索带，一边弹琴，一边唱歌。孔子问道："先生有什么事值得你如此快乐呢？"荣启期回答说："我快乐的事情很多：自然化育万物，只有人最尊贵，我能够生而为人，这是第一件值得快乐的事情；男女的差别，在于男尊女卑，所以世人都以男人为尊贵，我身为男人，这是第二件值得快乐的事情；人的一生，有的未出生便胎死腹中，有的死在襁褓中，我已经活到九十岁了，这是第三件值得快乐的事情。"孔子说："好啊！先生快乐的理由如此充足，真是一个能自我宽慰的人啊！"白居易认为荣启期所具有的快乐他都有，而且自己比他有更多的乐趣，自己掌握了酿酒的诀窍，有数不尽的美酒可饮，还能作诗、参禅，经常能从与诗友往来中享受人生之乐，这种快乐，远比荣启期一个人快乐要美满多了。

卫玠，字叔宝，晋代名士，是当时著名的美男子。关于他的美，《晋书》里用"明珠""玉润"等词语来形容，他为人喜怒不形于色，无论在什么时候遇见他，他都是个面无表情的玉人。卫叔宝自幼风神秀异，坐着羊车行在洛阳街上，远远望去，就恰似白玉雕的塑像，时人称之为"璧人"，对他非常羡慕。而洛阳居民倾城而出，夹道观看小璧人。成年后的卫叔宝长相更为英俊洒脱，他每到一处，都有很多人跟踪围观，想一睹他的风采。但是，这样人见人爱的美男子，却没有一个好身体，年纪轻轻却经常被疾病缠身，痛苦不堪，以致病得形容枯槁，让人怜悯。

白居易自认为没有卫叔宝英俊，但在健康方面，却比他强得太多，起码自己不会年纪轻轻就走不动路，只能在家里待着等死了。

　　白居易就是通过与不如自己的人在多方面进行比较，让自己做到知足常乐，从而减少自己在某些方面的不如意，让自己的生活更快乐、富足。

　　　　洛阳有愚叟，白黑无分别。
　　　　浪迹虽似狂，谋身亦不拙。
　　　　点检盘中饭，非精亦非粝。
　　　　点检身上衣，无余亦无阙。
　　　　天时方得所，不寒复不热。
　　　　体气正调和，不饥仍不渴。
　　　　闲将酒壶出，醉向人家歇。
　　　　野食或烹鲜，寓眠多拥褐。
　　　　抱琴荣启乐，荷锸刘伶达。
　　　　放眼看青山，任头生白发。
　　　　不知天地内，更得几年活。
　　　　从此到终身，尽为闲日月。

　　　　　　　　　　——白居易《洛阳有愚叟》

　　人生的快乐是什么？不就是希望能有荣启期那样的豁达，刘伶那样喝酒无拘无束吗？让自己融入自然当中，与青山做伴，不必在意年华似水流，满头生白发。人的寿命终究是有限的，但这是自然规律，不必在意能有几年好活。只希望从现在开始，到生命的尽头不再为琐事烦忧就好了。

不仅如此，白居易还作有《达哉乐天行》一诗，表达自己知足常乐的生活："达哉达哉白乐天，分司东都十三年。七旬才满冠已挂，半禄半及车先悬。或伴游客春行乐，或随山僧夜坐禅。二年忘却问家事，门庭多草厨少烟。庖童朝告盐米尽，侍婢暮诉衣裳穿。妻孥不悦甥侄闷，而我醉卧方陶然。起来与尔画生计，薄产处置有后先。先卖南坊十亩园，次卖东都五顷田。然后兼卖所居宅，仿佛获缗二三千。半与尔充衣食费，半与吾供酒肉钱。吾今已年七十一，眼昏须白头风眩。但恐此钱用不尽，即先朝露归夜泉。未归且住亦不恶，饥餐乐饮安稳眠。死生无可无不可，达哉达哉白乐天。"

白居易在这首诗歌中回顾自己的人生经历：分司东都洛阳十三年，到七十岁不再为官，但还能有俸禄收入。在这种隐居生活中，自己可以与游客一起游春玩赏，还可随意与山僧探讨禅理。沉醉于这种闲适快乐的生活中，竟然有很长时间忘了过问家中的事情，院子中都长了草，厨房里甚至很少生火做饭了。经常有厨师告诉他没有盐和米了，丫鬟和用人向他诉说穿的衣服都破了。妻子、用人、外甥、侄子都对自己不问家事的做法感到不高兴，而诗人自己却陶醉于美酒当中。

家人都为生计感到忧虑，但白居易却对未来早就做好了筹划。因为他有很多家产，他准备先卖十亩园子，再卖五倾田地，然后卖掉家中所住的宅子。将这些家产变卖之后，足够供养家人和自己将来的生活了。白居易认为自己已经七十一岁了，老眼昏花，可能这些钱还没有用完便与世长辞了。所以，根本用不着为生计发愁，尽享"饥餐乐饮安稳眠"。生与死这样的算计对自己已经没有什么意义了，白乐天的名号不是白叫的，现在可以说是到了安享天年的时候了。

从这首诗歌中已经可以看出，白居易对自己的生活真正做到了知足常乐，尽管家人已经在为衣食担心，但他仍然不为生活困窘而发愁。

总之，知足常乐思想是白居易中晚年时期的主要思想，这使得他能固守属于自己的快乐。这种思想不仅使他在经历宦海浮沉之后，仍能够以平常心看待世事，而且还使他能够在那个朝政黑暗的年代保全自身，远离灾祸，从而平安悠闲地走完了自己的人生。

第六节　知足长寿，乐而忘忧

　　白居易属于长寿的人，而长寿带给人最大的痛苦，就是亲人以及故旧的一个个离世，尤其是在他人生当中有着重要分量的故旧的离去，让白居易倍感痛惜。人在老年，面临着如此生离死别，对于白居易而言，这种滋味更难以言说。好在他有绝佳的才华，把无尽的思念都化作了不朽的文字，记录着他的离别的心路历程。

　　日子在平静中流淌，白居易没有让伤感浸泡自己的生活。见惯了生离死别，更让白居易明白了内心少欲知足是真正的富有，身心清净闲寂才是真正的高贵，有蔬食充饥和布裘御寒，就不必要再去追求身居高位和锦衣玉食。而世间人所受的苦恼，多半是因为对名利和欲望的汲汲贪求所导致的。看看自己去世的那些老朋友，年龄比自己要小，却先自己而去。是为什么？不就是还在官场里费尽心思地挣扎吗？如果也像自己一样抽身，现在，不一样可以欣赏人间美景吗？

　　岁月如歌，时光已经带走了流年，带走了诗人曾经的宠辱之心，而沉淀下来的，就是那日益安详宁静的身心。白居易在洛阳的住处，不是高门大户的气派，而是青松翠竹环绕、门扉时常深闭、少有世俗的闲人来访、清幽闲静得像深山里的居室。这对于一个背着地方官员头衔的人来说，有些不合时宜，但却是白居易最喜欢的快乐。在他的家里，没有庸俗的人因为渴望升官发财而来打扰，只有通晓禅理的禅师来与他谈禅论道，尽日所言说的，都不涉及世间的名利。在一般人看来，白居易这样的修道生活是很寂寞的，然而，白居易却从中获得了真正的快乐！

　　人来到世上走一遭，就如同春天里的一场幻梦，所有的那些欢笑与哀愁，恩爱与别离，尊荣与衰亡，就如同飞鸟在天空中的印迹一样，虽然能看见其华丽地飞驰而过，却终究难以寻觅长久的踪迹。在茫茫宇宙中，天地沧海变桑田的无尽时空的循环往复之中，白居易已经感悟到生命就像电光石火一样瞬息即逝，只有追求一种永恒的精神寄托，才能免除痛苦折磨，但一般人却日夜为了名利而蝇营狗苟，身心奔波疲顿，使得美好的青春韶华在争斗中随风而逝，鬓发悄然染霜，留下的只有苦痛在折磨。

　　在过往的岁月里，白居易也曾奋斗过，也曾有过"野火烧不尽，春风吹又生"的豪情。白居易被提拔为翰林学士和左拾遗时，不畏权贵，"有缺必规，有违必谏"。直言上书议事，目的就是实现"济苍生，安社稷"的人生抱负。如在元和四年，遭遇天下大旱，白居易立刻建议朝廷尽免江淮两赋，以救灾民，且放出宫中的宫人。这些建议，都被宪宗皇帝采纳。他还本着"唯歌生民病，愿得天子知"的诤谏目的，挥笔写下了很多讽喻诗为民请命，都是为了实现他博施济众的理想。白居易以悲天悯人的情怀和生动的笔触，描写了广大劳动人民的痛苦处境，希望这些诗歌能引起最高统治者对民生疾苦的体恤和关怀。如"满面尘灰烟火色，两鬓苍苍十指黑""可怜身上衣正单，心忧炭贱愿天寒"的卖炭翁；"乱蓬为鬓布为巾，晓踏寒山自负薪"的卖柴女；"右手秉遗穗，左臂悬敝筐"家田输税尽，只有带着孩子拾稻穗以充饥肠的贫妇人；"天上取样人间织。织为云外秋雁行，染作江南春水色""丝细缲多女手疼，扎扎千声不盈尺"灵巧而勤苦的缲丝织女；"北风利如剑，布絮不蔽身。唯烧蒿棘火，愁坐夜待晨"严寒岁月里的贫苦农夫；等等。白居易"心中为念农桑苦，耳里如闻饥冻声"真诚地为苦难的百姓祈愿："安得万里裘，盖裹周四垠。稳暖皆如我，天下无寒人。"这些深蕴着他的爱民慈心的诗歌，正是他不倦上进的体现。

但是，在贬谪后，白居易看到了国事的兴衰治乱，多艰的世事和流逝的生命，爱情的迷惘失意。在奋斗无果后，引发了白居易无限浓郁缠绵的落寞与伤感，及对短暂美好事物的追忆和叹惋。如今，在人生的暮年，白居易看着阶前娇

艳的红芍药花的盛开与凋零，更加能体悟到生命的无常与
虚幻。

在白居易看来，人生的无常危脆就像水上的浮萍，命
运的沉浮不定如同业风中飘荡的一缕鸿毛，一切都由不得自
己。如果与命运强做搏斗，即使能在一段时期占得上风，但
为此所付出的生命与心灵的痛苦往往是沉重而难以自拔的。
而到了大限来临之际，所拼命奋斗得到的金钱和地位都是一
丝一毫也带不走的。野草萋萋的古墓坟丛里，曾经拥有花样
年华的生命，到最后都仍然是一抔黄土，只有那不知名的野
花还能在晚春的轻风中寂寞地绽放。

可惜，没有多少人能像白居易这样看破世事，朝廷的争
斗依然在上演。大和七年，被贬的李德裕班师回朝，新一轮
的党争清算又开始抬头。白居易作为封疆大吏，都是两派拉
拢的力量。但白居易却无心卷入其中。他上书朝廷，自言身
体多病，辞去了河南尹这一职务，希望彻底成为一名闲人。

或许是看到白居易年纪大了，这一次朝廷不再挽留他，
就给了他一个太子宾客的优厚待遇，让他继续留在洛阳养
老。白居易见自己摆脱了党争纷扰和官位，能得享清闲，自
然是高兴万分。

不再担任封疆大吏后，白居易就有更多的时间来参禅
悟道了。参禅的岁月，没有虚度，时间仿佛在这里静止，而
碧潭里皎洁的月影，岸边静静地矗立着的野鹤，栖息在林间
的鸟儿，都融进了无边的月色之中。而心境淡泊闲静的白居

易，也安详地坐在树林里，在一阵怡人的清香中弹奏素琴，优雅的古曲琴声，在秋夜的山寺里萦绕飘荡。禅理禅趣，对于白居易来说，已经成为一种生命的智慧，而他也栖息在他的与自然造化融为一体的诗意之中了。

这就是白居易晚年所追求的生活。虽然洛阳离长安不远，中央政府的一切纷争，还都会不时侵扰着他，但他却真的做到了不牵挂于心，不萦绕于怀。即使发生了宦官劫持皇帝的甘露之变，当朝宰相被残杀，白居易也没有受到惊扰，在刀光血影的政坛游戏里，白居易安度晚年，笑到了最后。

在晚年，最让白居易感到舒心的就是自己又添了一位外孙女。古稀之年还能得享意外的天伦之乐，这让白居易感受到自己的福报还真是不浅。在外人看来，白居易这样的大家族，应该注重男丁，延续家族希望。当年白居易，不正是带着振兴家族的期望，而踏上去长安的寻梦之旅吗？

然而，世事循环，如今的白居易已经不再看重这些了，生命的延续所带来的意义，远远重于家族的荣光，只要能快乐地活着，又何必去追求那些虚无缥缈的荣光呢？于是，白居易唯恐女儿、女婿因为生了个女孩而不高兴，在外孙女满月的时候，特地请客，庆贺自己当上了外公。

他不仅亲自给外孙女起名为引珠，还满怀欣喜地写诗庆贺：

今旦夫妻喜，他人岂得知。

自嗟生女晚，敢讶见孙迟。

物以稀为贵，情因老更慈。

新年逢吉日，满月乞名时。

桂燎熏花果，兰汤洗玉肌。

怀中有可抱，何必是男儿。

——白居易《小岁日喜谈氏外孙女孩满月》

有了孩子，是夫妻之间的喜事，这种喜悦之情，是外人无法想象得到的。白居易因为结婚迟，所以很晚才有女儿，而到了古稀之年，才添了外孙女。这种舐犊之情，因为年纪大了，不仅更觉得珍贵，而且更显得慈祥。在新年里，又适逢这样一个喜庆吉利的日子，所以才在满月给她起名字。满屋里都是熏香，而外孙女也在名贵香料浸泡的热水里洗浴，让她娇嫩的肌肤更加白皙。何必在意是男孩还是女孩，只要怀中有可爱的宝贝，就足以心满意足了。

白居易不仅为家里新添人口而高兴，也为自己在垂暮之年，能看到新的生命诞生而喜悦。他不仅花了很大的力气，来庆贺外孙女降临，还以家族中老人的身份，为自己几个弟弟的家里安排家务事，帮助他们的后人经营自己的人生路，尽到了个长辈的职责。看着后辈人的其乐融融，想着家族后继有人，白居易知道自己这一辈子已经无牵无挂了。

不管白居易如何达观，疾病依然找上了他，并且带着他走向生命的尽头。面对着大限来临，白居易却格外地镇定，甚至还能拿起笔，为自己写上最后的墓志铭：乐天乐天，生天地中，七十有五年。其生也浮云然，其死也委蜕然。来何因？去何缘？吾性不动，吾形屡迁。已焉已焉！吾安往而不可？又何足厌恋乎其间？死亡，不是无边的黑暗，而是永久的休息之地，人生的大限就是换一个地方长眠不醒，这又有什么可惧怕的呢？

一代诗王，就这样走完了属于自己的传奇之路，在他身后，留下了无数脍炙人口的诗篇。

白居易留下的精神遗产是巨大的，那一首首绝美的诗句，就如同白居易不散的灵魂，时时陪伴着我们，欣赏大唐最美的文化。